致力于中国人的教育改革与文化重建

立品图书·自觉·觉他
www.tobebooks.net
出品

林义正 著

公羊春秋
九讲

九州出版社
JIUZHOUPRESS

图书在版编目（CIP）数据

公羊春秋九讲 / 林义正著. -- 北京 ：九州出版社，2018.3

ISBN 978-7-5108-6841-2

Ⅰ.① ①公… Ⅱ. ①林… Ⅲ. ①中国历史－春秋时代－编年体②《公羊传》－研究 Ⅳ. ①K225.04

中国版本图书馆CIP数据核字（2018）第063029号

公羊春秋九讲

作　　者　林义正　著
出版发行　九州出版社
地　　址　北京市西城区阜外大街甲35号（100037）
发行电话　（010）68992190/3/5/6
网　　址　www.jiuzhoupress.com
电子信箱　jjiuzhou@jiuzhoupress.com
印　　刷　三河市华晨印务有限公司
开　　本　787毫米×1092毫米　16开
印　　张　14.5
字　　数　236千字
版　　次　2018年6月第1版
印　　次　2018年6月第1次印刷
书　　号　ISBN 978-7-5108-6841-2
定　　价　58.00元

自　序

本书的撰写实出偶然，由于先师爱新觉罗·毓鋆（1906—2011年）逝世后，同门禀承师意成立中华奉元学会，推动吾师弘扬夏学，传承帝王道术的大愿，除整理师说笔记之外，也委有闻于师说之同门讲述先师曾讲过的经子诸书。承蒙同门不弃，邀本人在学会中演讲《公羊春秋义述》，其后在奉元书院讲授《公羊春秋学》，其实这些内容也曾为台湾大学哲学系诸生讲授过一部分，本来讲讲就算了，没想到2014年7月间适逢北京立品图书公司董事长黄明雨先生参访书院，并聆听本人讲授，课后即邀约将所讲授内容整理出书，遂将授课影音档及讲义交予先生，希望以浅白方式介绍孔子的《春秋》学，阐扬中华学术，奉献所学。但在等到整理稿子，读了之后，才发现非得大大修改不可，在删改与修补数据过程中费时颇多，同时也将今年7月初参加复旦大学哲学学院举办《以正震之》的《春秋》经传哲学学术工作坊的论文《〈春秋〉"一统"衍义》一篇列入，作为第九讲，遂成《公羊春秋九讲》。九者究也，于《易》"乾元用九，乃见天则"，密符《春秋》大同之义，亦同时为本人研究《公羊》作一总结。

本书所讲不求详尽，但纲领已具，尤其强调入门。所以，先说明《春秋》是一本怎样的书。它是孔子晚年的大著，寄托一生的志向所在。从公羊学的经世角度入手，把《春秋》看作一本义书，而不是史书，它是一本以鲁史为材料、利用其体式，透过特殊的修辞来表达的经世书。所以，想要了解《春秋》的"微言大义"必得先要知道《公羊春秋》学的诠释预设及其书法。如果不明其诠释预设，就会陷于理解上的迷惘，不明其书法，就难解其中的深意。本书在这里仅拈出三世、内外、五始、一统、居正、讥世卿、伦理、经权、灾异、变悔等十义，而以衍义为圆结。此书有述有衍，有始有终，或有新义存焉，其他唯待读者善自体会，不求详备。

是为序。

岁次丁酉十月三十冬至前五日　林义正谨序

目 录

第一讲　导读

文字有今古，但经典之所以成为经典最重要的是什么？最重要的是对『经』这个字的理解。如果从古文家的立场讲，『经』就是经籍、古籍，没有什么了不起。可是如果从今文家的立场来讲的话，『经』可不得了，经就是常道。

1967 年，在中国文化学院听毓老师（爱新觉罗·毓鋆）讲读《论语》的时候，老师常常会提到《公羊春秋》中“张三世”“存三统”这些个名称，当时我们觉得很神秘；可是要老师多讲一点什么叫作“张三世”，什么叫作“存三统”，他总是一句话带过，不肯特别地讲。从老师的讲课中，我们听得出，老师是非常赞赏《公羊春秋》的学问，并且老师完全继承了太老师康有为先生的《公羊》学统。可是我心中一直有个迷惑，那时候为什么老师总不放开讲《公羊春秋》，老是点到为止。

因为有这么一个缘故，我一直觉得《公羊春秋》非学不可。我的学长阮芝生教授也是毓老师的学生，他很早专攻《公羊》学。他的硕士论文就是《从〈公羊〉学论〈春秋〉的性质》。因此我想快速地学习《公羊》，就把阮学长的这本硕士论文好好地拜读一番。拜读之后，觉得他是念历史的，却从《公羊》学的角度来论《春秋》的性质，而我是念哲学的，理应从哲学的角度来论才稳当。于是效法他，就以《从〈公羊〉学论〈春秋〉的王道思想》作为硕论题目。此后，并没有全心投入《春秋》学的研究，因主轴在研究孔子，所以《春秋》学基本上还是一直持续关注着。

研究孔子，必定要深入到孔子晚年的思想。孔子晚年作《春秋》，还包括孔子六十八岁以后对《易经》的传述。因此，要了解孔子的哲学，如不懂《春秋》的话，那就像毓老师常说的：“连门儿都没有。”从中国学术史来看，今古文学之争其实就是关系到对孔子采取怎么样子的看法。周予同根据清末很多学者的研究，大致有这么一个分析：文字有今古，但经典之所以成为经典最重要的是什么？最重要的是对“经”这个字的理解。如果从古文家的立场讲，“经”就是经籍、古籍，没有什么了不起。可是如果从今文家的立场来讲的话，“经”可不得了，经就是常道。一开始这两家就这样分开了。这两条路线，从学术的观点来看，其实一个是持史学立场，另一个是持哲学立场。这涉及对《春秋》的理解，也就是从“事”的角度来理解呢，还是从“义”的角度来理解呢？

究竟要如何理解《公羊传》呢？这就牵涉到一些相关观念和名词，先要了解，不然就很难读得进去。

第一节 《春秋》指什么

“春秋”这个名称有通称与殊称之分，通称是指一般的称呼，指春秋战国时代各国的史书，殊称是指某些国家对其国史的特殊称呼，比如晋国的《乘》，楚国的《梼杌》。《春秋》一般作为史书的通称，但也有个比较专门的用法，就单指鲁国的《春秋》。

鲁国的《春秋》就是指没有经过孔子修作过的《春秋》，我们这里讲的《春秋》是指经过孔子修过了的《春秋》。《公羊传》中说的“君子修之”，“君子”就是指孔子。我们知道孔子讲“述而不作”，其实孔子的学问有两面性，一方面是“继往”，另一方面是“开来”。孟子说孔子的学问是个集大成，唐、虞、夏、商、周以来合乎孔子的思想的，孔子就加以吸收，这是“继往”；可是之前没有的，孔子自己接着讲，这是属于“开来”。孔子修订《诗》《书》《礼》《乐》《易》《春秋》，他诠释经典的时候持有特定的角度，一句话说，就是采取德礼兼具的立场，也就是义理的角度。但孔子并没有排斥史实，孔子说：“吾犹见史之阙文也。”以《春秋》来讲，《史记》里说孔子作《春秋》，“笔则笔，削则削，子夏之徒不能赞一辞。”“笔则笔”是什么呢？就是照抄。照抄什么呢？原有鲁国史官的史笔，凡表达义理的，他所赞同的，就照抄；如果不赞同呢？就“削”去。可见《春秋》对原有鲁史的经文是有更动的，不完全照抄。如果完全照抄，那么孔子的这本鲁国的《春秋》只能算是一本史书，不能当作经书。因此，不能把孔子修过的《春秋》仅仅当作历史书，孔子作《春秋》是依鲁国的《春秋》作底本，经过删改后才成为现在传下来的《春秋》。

第二节 《春秋》有笔法

从书中，我们看到《春秋》记载了鲁国两百四十二年的史事，从鲁隐公开始，依序接桓、庄、闵、僖、文、宣、成、襄、昭、定、哀，共十二位国君。依公羊家，将前面五个国君作为一个阶段，接着将四个国君作为下一个阶段，最后，昭、定、哀作为最后一个阶段，分三阶段书写，而《公羊春秋》学的“张三世”书法就从这里来的。《史记·孔子世家》说：

因史记，作《春秋》，上至隐公，下讫哀公十四年，十二公；据鲁，亲周，故殷，运之三代。约其文辞，而旨博。故吴、楚之君自称“王”，而《春秋》贬之，曰“子”。践土之会，实召周天子，而《春秋》讳之，曰：“天王狩于河阳。”

孔子因袭鲁国《春秋》，作了《春秋》这部书。从鲁隐公开始，一共记载了十二个鲁国国君。孔子作《春秋》是“据鲁”，也即是“王鲁”，以周后为亲朝，以殷后为故朝。《春秋》文辞很简练，它的意义却非常广博丰富。吴国、楚国君主的爵位原是子爵，但他们却自称为“王”，但孔子在《春秋》经文里就把他们还回“子”爵。晋文公想要当霸主，却没有那个能力，于是他要挟周天子到河阳那个地方，再通告当时的诸侯来觐见。可以这么说，晋文公这个霸主是骗来的，因此《春秋》就写作“天王狩于河阳”，把这件事当作是天子自己巡狩到河阳这个地方来看待。这样的书写便是讳文，“讳”是避讳，行文避讳。依《史记》所说，《春秋》经文很简单，却含有孔子运用的笔法，呈显他对历史事件褒贬的看法。

孔子作这本《春秋》的目的是什么？中国古代的史书可不像后代人或西洋近代史学，单纯为了求真，古代中国的史书本来就负有为后世垂鉴的作用，今天以近代西洋的史学观念来看待中国古代的史学传统，并不完全贴切。那么孔子作《春秋》，会只是为了修史垂鉴吗？答案显然不是。孔子作《春秋》的重点在排比史事以达“义”。从《春秋》书中我们看到，至少孔子的“义”应该是伦理的、政治的，也就是揭示人间的大同至道。按照何休的说法，那就是“著治法式”，说明孔子作《春秋》着重在“示法”，表达怎样进行社会治理，怎样对乱世进行拨乱反正，拨乱反正的各个阶段应该如何进行，这才是《春秋》一书最重要的目的与意义。因此，我们在解读《春秋》时，不仅要从了解《春秋》的每一字、每一句的含义，还要从整体过程来看，《春秋》一书其实是讲如何治理天下、如何拨乱反正的治道与治法。

第三节 《春秋》学传承异径

依《春秋》学史，到了西汉，传《春秋》学的有左氏、公羊氏、穀梁氏、邹氏、夹氏五家。邹氏、夹氏后来失传了，最后只留下《左氏春秋》《公羊春秋》《穀梁春秋》三家。《春秋》三传都是从孔子《春秋》来的，它们有各自的传承系谱，有各自的侧重点。这里只简单叙述一下它们各自诠释的基本要点。

《左氏传》诠释的基本要点在过去，它要揭示真实。因此，《左氏传》在揭示真实的时候，就会考虑到事情的经过、终局的成败与利害，认为经文主要是直书其事。

《穀梁传》诠释的重点在当下，当下指明义理，就是从事礼义批判。该行为合理、不合理，这个义理的传承主要是依口说的。《穀梁传》开宗明义，“春，王正月”，一开始讲：“谨始也。”首要明正。讲“正”应该怎样；讲“始”一开始要如何。可知《穀梁传》特别强调“明正谨始”。

《公羊传》侧重在为未来立法，如何展望未来，这和《易经》一样，都是教人如何应对未来。《易经》运用占卜，指导未来如何趋吉避凶。因此，《易经》和《春秋》一拍即合，都是为了未来，而不是为了过去。《公羊传》解经、诂经的重点就是未来如何变得更好，希望明天会更好，怎么个好法呢？就是提出义法，进行拨乱反正，要让紊乱的社会变成有条理的社会、有伦常的社会，进一步变成有公义的社会，所谓的“尧舜之治”。《春秋》三世义就是采用“明义託始”的方式，并由师弟口授相传而来。《公羊传》对春秋史事的立场是采取“託始”的，“託始”的目的在“明义”，在彰显那个“义”，而不专注在历史事实。

第四节 《公羊春秋》学常用术语

《春秋》通过笔法去来彰显“义”，不懂笔法，就没有办法进入《春秋》的义理世界。《春秋》里许多“义”都是经由历代《公羊》大师们的研究而归纳出来的“例”——书法、书写的规则来呈现的。《公羊》的“例”也颇琐碎，这方面可读清代刘逢禄所著的《公羊何氏释例》一书，他对东汉何休《解诂》所涉及的“例”进行归纳，重要的有以下几种：

一、“三世”异辞

“三世”异辞就是讲在不同的时代里面书写同一件事情或者类似事情的时候，书写上，措辞不一样，规则也不相同，《公羊传》称之为“所见异辞，所闻异辞，所传闻异辞”。

二、“五始”（元年、春、王、正月、公即位）

“五始”是指“元年、春、王、正月、公即位”五项。元年是天地之始，春是岁之始，王是人道之始，正月是政教之始，公即位是一国之始。《春秋·隐公元年》一开始只写“元年，春，王正月”，没写“公即位”。为什么没有写“公即位”呢？那是因为鲁隐公心想让位，《春秋》承其意，不书即位，这是透过不书写来表达这层意义。

三、“内外”

《春秋》书法有“内外”例，即：“录内而略外。于外，大恶书，小恶不书；于内，大恶讳，小恶书”。是指记录的时候，跟鲁国（内）有关的事情就记录，不跟鲁国有关的事情就省略。对外国，外国大恶的事情就书写，小恶就不书写；对鲁国本身，碰到大恶的事就隐晦不写，碰到小恶的事才写出来。

四、“常事不书”

因为《春秋》涉及两百四十二年的历史，整本书只用一万六千四百四十六个字，怎么可能将这两百四十二年的史事全部记载下来？所以它一定是要求简明扼要。“常事不书”，那为什么这个地方又书写了呢？为了“讥”。《春秋》有所书，必有所讥。

五、“託始”

《公羊传》常常有“託始焉尔”，“託始”就是说《春秋》记载那个事情，不表示事情发生真正就在那个时候，但是《春秋》经文为了表明义理的缘故，就把它写在这儿了。这是一种“託始”，其“託始”的目的是为了“明义”。

六、“名例”

《春秋》“名例”，即“州不若国，国不若氏，氏不若人，人不若名，名不若字，字不若子”。举个例子：楚国，“楚”是国的名称，“荆”是州的名称。当我们称呼它的时候，称“楚”就比称“荆”要尊敬一点，称氏比称“楚”还尊敬一点。至于“人不若名，名不若字”，比如说，我们称“孔子”就比称“孔仲尼”尊敬，称“孔仲尼”又比称“孔丘”尊敬，称“钱宾四”比称“钱穆”更尊敬。名不只是一个叙述事实的符号，它还意味着价值的符号，一种价值的衡定。

七、“文不与而实与”

《春秋》的书写，对不符合正规的行事绝不首肯的，这叫“文不与”，而“实与”是实际上写出来的就给予肯定，这里含有“经”“权”的问题。比如按道理说，诸侯不可以专封、专讨，可是齐桓公讲仁义，有尊王攘夷的心，实际上又拥有维持当时诸侯之间和平的力量，确实也这样做了，就值得肯定，这符合霸主的标准。“信义立则霸”，“霸”的意思是要讲信、讲义，才有“霸”的资格，没有信义根本连“霸”的边都谈不上。孔子讲霸道，就在“实与”的部分。“文不与”是指文辞上不赞同，按照经义正面的原则来讲，是不赞同的。因为，诸侯专封、专讨毕竟是犯了天子之权，是不可以的，但在特殊情形下被允许，因此称作“文不与而实与”。所以，我们在读《春秋》这部书的时候，也要随着“三世”来读，不能只按照《春秋》经文的表面来理解。我们在解读经文的时候，要先知道立足点在哪里，是在“据乱世”“升平世”“太平世”中的哪一世。立足点不一样，理解也会不一样，否则会认为其所说的道理彼此之间有矛盾。

八、三科九旨

“三科九旨”是汉代董仲舒、何休，南北朝徐彦，三国宋衷等研究《春秋》所提出的科例要旨，极凝练地概括“公羊学”所蕴含的独特的经世哲学。可以说，只要了解“三科九旨”的内涵，就找到了一把打开《春秋公羊传》义理的钥匙。在《春秋公羊传注疏》中“三科九旨”存在两个系列的解释：

首先，何休《文谥例》归纳的“三科九旨”，就是“新周故宋，以《春秋》当新王”，这是一科三旨；“所见异辞，所闻异辞，所传闻异辞”，这是讲笔法，是二科六旨；“内其国而外诸夏，内诸夏而外夷狄”，依这样讲其实只有三科八旨，我看到日本学者小岛祐马依何休《解诂》意对此作了补充，补上“夷狄进至于爵”一旨，其他也有补作“天下远近大小若一”或是“夷夏合一”“内外合一”的，这样似乎比较完整些。照何休这里所讲的，“三科”的内容一共有“九旨”，根本上是一个东西。

其次，宋衷注《春秋说》，归纳的“三科九旨”为：“三科者：一曰张三世、二曰存三统、三曰异外内（风外内），是三科也。”“九旨者：一曰时、二曰月、三曰日、四曰王、五曰天王、六曰天子、七曰讥、八曰贬、九曰绝。时与日月，详略之旨也；王与天王天子，是录远近亲疏之旨也；讥与贬绝，则轻重之旨也。”按宋衷注《春秋说》，“九旨”是“时、月、日、王、天王、天子、讥、贬、绝”，用以表示详略之旨，远近亲疏之旨，还有轻重之旨，这个完全就笔法来讲的。照宋衷这样的讲法，三科是三科，九旨是九旨，两者互不重叠。“九旨”跟笔法有关系，其实最重要的是“三科”——“张三世、存三统、异外内”。

整个说来，公羊学派的理念就靠这个撑出来的，基本上离不开“张三世、存三统、异外内”。如果不懂这个，公羊学也就不必讲了。

第二讲 《春秋公羊传》的解经预设

《公羊传》解经的焦点在未来，要展望未来，希望明天会更好。那怎样能让明天更好呢？这就要示之以义法，志在拨乱致治。『致治』的意思就是让一个很乱的社会首先变成一个有法制的社会、其次为有伦序的社会，最后才登上所谓的尧舜之治的『大同』社会，这就是《春秋》三世的致治步骤。

尧、舜、禹、汤、文、武、周公是构建中华文化共同体的远古圣王，从他们累世承创的历史文献中，经由孔子祖述、集成、删定和诠释，传下后世所谓的《诗》《书》《礼》《乐》《易》《春秋》六经。这六经是儒家经典的主体，也是诸子百家的源头。六经之中有一部名叫《春秋》，对这部经典的认识，历史上很多人往往都把它当作一部史书来读，却与现代史书有别。大家也会认为《春秋》是“寓褒贬，别善恶”的书，孟子就说过“孔子作《春秋》，乱臣贼子惧”，必有道理。

《春秋》是不是就只是这样呢？恐怕不尽然。公羊学家认为《春秋》是六经之一，列为经书，非作鲁史。诚然《春秋》里面有史实，有褒贬，有大义，但更有微言。

《论语·子张》子贡形容孔子的学问说：“譬之宫墙，赐之墙也及肩，窥见室家之好。夫子之墙数仞，不得其门而入，不见宗庙之美，百官之富。得其门者或寡矣。夫子之云，不亦宜乎！”顺此来说，《春秋公羊传》一书正是展现了夫子“宫墙”之内的“宗庙之美，百官之富”。欲“得其门而入”，得先调好我们的认识思维与心态。

第一节 孔子与《春秋》关系

按照《公羊春秋》的说法，《春秋》是经，《公羊传》是解释《春秋》的传。那什么叫经？什么叫传？张华《博物志》上说：“圣人制作曰经，贤者著述曰传。”依张华的意思，圣人所作的典籍叫经。经，文简而意深，不易理解，历代贤者为了使人们有更好地理解，对经文加以阐释，因此就有了传。《春秋》是孔子制作的经文，《公羊传》是传授孔子《春秋》义的传文。

“春秋”原来是春秋战国时代各国史书的称谓，但称谓有通称与殊称之分。有些国家对其国史书有特殊的称谓，比如晋国用《乘》，楚国用《梼杌》，鲁国用《春秋》，不同国家对史书称谓不同，这就是殊称。“梼杌”这两个字很奇怪，其原义有说是凶兽，有说是凶人，有说是凶木。楚国为什么用《梼杌》呢？这个或许跟南方的宗教有很密切的关系，楚国用它来作为史书的称谓，专门记载那些很凶狠的事情，作为惩戒之资。鲁国以“春秋”作为鲁国史书的称谓，是用它的殊称义。至于周《春秋》、燕《春秋》、宋《春秋》、齐《春秋》等也用“春秋”一辞，《墨子》书有称“百国《春秋》”的，这些“春秋”均采通称义。

即便殊称义的“春秋”，虽专指鲁《春秋》，但还是有名称相同而内涵不同的问题。这在《春秋》学里有必要作进一步的澄清：一指鲁史《春秋》，一指孔子的《春秋》。孔子的《春秋》是指孔子所作的《春秋》，《公羊传》里管叫“已修《春秋》”，这是相对于孔子所读的鲁史《春秋》来说的，这样鲁史《春秋》就叫作“不修《春秋》”。《春秋》有已修、不修的区分，这个“已修《春秋》”是谁修的？在学术界又有争论。如果说跟孔子有关，那是孔子修的，或是孔子作的。公羊学家认为《春秋》是君子作的，是作经。这里的君子，指的就是孔子，不但是修，而且还是作。

经：夏，四月，辛卯夜，恒星不见，夜中星霣如雨。（庄公七年）

传：恒星者何？列星也。列星不见，何以知夜之中？星反也。如雨者何？如雨者非雨也。非雨则曷为谓之如雨？不修《春秋》曰：“雨星不及地尺而复。”君子修之曰：“星霣如雨。”何以书？记异也。

《春秋》经记载庄公七年，“夏，四月，辛卯夜，恒星不见，夜中星霣如雨。”《公羊传》里指出，“不修《春秋》”（鲁史《春秋》）原来写作“雨星不及地尺而复”，后来君子改写得更精简，作“星霣如雨”。“何以书？”为什么《春秋》经要记这一段话呢？为了“记异”。“异”是特别现象，平常没有，所以要特别记起来。这个“记异”是不是只有纯粹现象记录的意义呢？还是存有别的用意？如果存有别的用意，那我们了解《春秋》经的时候，就不能脱离传统天人感应思想的背景来理解。

经：春，齐高偃帅师，纳北燕伯于阳。（昭公十二年）

传：伯于阳者何？公子阳生也。子曰：“我乃知之矣。”在侧者曰：“子苟知之，何以不革？”曰：“如尔所不知何？《春秋》之信史也，其序，则齐桓、晋文；其会，则主会者为之也；其词，则丘有罪焉耳！”

这里记载孔子跟学生的对话。经文写“纳北燕伯于阳”，学生不懂，问老师：“伯于阳者何？”孔子说“伯于阳”就是“公子阳生”。传文叙述这段经过，孔子说这我早就知道！“在侧者”指他的学生，说既然老师知道，为什么不改正呢？这里我们做个反问，如果孔子不知道的话，孔子怎么会这样说呢？这可以互证《论语》所载“子曰：吾犹见史之阙文也”确有其事。孔子看到的鲁《春秋》时，发现已有脱误，但作《春秋》时照抄，不补正。明明知道，却不补正，是为了存信。《春秋》在某个意义上有信史的意义。“其序，则齐桓、晋文”，书写的顺序依齐桓、晋文等五霸兴起的顺序，“其会，则主会者为之”，诸侯会议照理由霸首来主持，原来书写的顺序，即使有所不当，也不加修改。“其词，则丘有罪焉尔。”古代史官修史秉持赏善罚恶的礼义判断，透过书法褒贬历史人物，后人以为孔子修《春秋》本身就违背礼法，自知僭乱，故称“丘有罪焉尔”。其实孔子作《春秋》，怎么会说“丘有罪焉尔”？恐怕这传文遭篡改了，依《公羊春秋》学的信念，传文应该作“有罪丘焉尔”才对。从上面两段引文，我们可以推定《春秋》经是君子“已修”过的，而君子就是指孔子。

孔子与《春秋》的关系到底怎么样？事实上，认为孔子与《春秋》无关的人很少。说无关的，不管此《春秋》是指鲁《春秋》，或是百国《春秋》，都不会有孔子作《春秋》这回事；而所谓的“关系”包括讲述、抄录、整理、笔削、著作等在内。做这种主张的，依目前笔者所知，似乎没有。

实在很难想象说孔子跟《春秋》没有关系，问题是如果说《春秋》与孔子有关系，那会是什么关系？有人写了长篇论文来讨论这个问题，比如辅仁大学史学系教授戴晋新先生就论证过。他认为孔子与《春秋》有关系，但孔子不是作《春秋》的人，而是讲述鲁《春秋》的人，也许还包括抄录鲁史；总之，这一点最重要，不是曾经整理、笔削、著作，这个观点是受到《古史辨》疑古派的影响。在当代凡具有疑古倾向的学者都不会轻易接受孔子“修”“作”《春秋》的看法，早期如顾颉刚、钱玄同、洪业、徐中舒，近期如日原利国、杨伯峻、戴晋新、浦卫忠等。他们认为《春秋》是子夏之徒等孔门后学将孔子对历史编纂方面的知识与意见整理后，以鲁《春秋》为讲解的范例，浸假而成的，根本不认为传文中所述的“圣人”或“君子”是孔子。照这个方式说下去，孔子讲述《春秋》，是对学生讲当时的现代史，因此他是个史学家，这正是古文家的立场。而今文家的立场就不是这样，今文家认为，《春秋》有微言大义，其意义真不得了，《春秋》是为万世开太平的至高无上大法。孔子作的《春秋》，不但是一本人伦道德的经典，更是政治思想的巨著。

另外还有一说，认为《春秋》与孔子说有关，但还是不肯承认孔子作《春秋》。他们说《春秋》不是讲鲁史，而是孔子“因史记”，即凭借鲁国的史记，就是鲁《春秋》，或者百国《春秋》，因为孔子绝对不是只读鲁《春秋》，可能也参阅了百国《春秋》，利用这些材料来修《春秋》，所以，笼统地说是“修”或“作”。但是台湾大学中文系教授张以仁先生，对杨伯峻先生根本不相信孔子有修、作的讲法作了全面的反驳，认为杨伯峻先生对所举的文证，充满着误解，没有把自己所举的文证语句解释通透；如果解释通透了，问题根本不存在，早期数据的确显示孔子曾经修作过《春秋》。这是两位学者的大论辩。

真正的关键在哪里？为什么同样针对早期材料，经过解释之后，导致两个相反的结论？可见解释背后一定隐藏着不同的信念，这才是我们首先要点出的。今文家本是经学中的哲学派，他们当然是认为孔子作《春秋》有着特殊意义的。他们尊重孔子，把孔子当作受命的素王，把孔子当作哲学家、政治家、教育家。托古改制者认为六经为孔子所作，以《公羊传》为主，相信纬书，有微言大义存在；而古文家却是经学中的史学派，认为孔子整理过《春秋》，尊崇周公，以孔子为先师、史学家、述而不作、信古，把六经当作史料，排斥纬书。

康有为先生讲“托古改制”，继承今文经学的传统。他认为六经都是孔子作，讲这一套的出发点就是以《公羊传》作为理解六经的出发点。同时也相信纬书，认为它是《公羊春秋》学的时代性推演，有微言大义存焉，不要忽略它。但以刘歆为代表的古文家，也就是史学派，认为《左氏春秋》是据事明经的史书。孔子讲："郁郁乎文哉！吾从周"。孔子既然从周，尊崇周公，认为孔子讲的是史。的确，我们读《论语》读到有孔子尊崇周公的一面，可是也有"久矣吾不复梦见周公"的另一面。如果读到这一段就会发现，孔子以前梦见周公，后来怎么不复梦见周公呢？那我们就知道孔子思想一定有变化，有早晚期之分，并不是铁板一块。传统上解读孔子学说，将《论语》读成铁板一块，是错读了，只读到了片面，不具全面性，如果没有考察早晚期思想的变化，就没办法完全贴近孔子。

古文家认为孔子"述而不作"，以六经作史料，不认同纬书，与今文家立论似乎相反。我的看法是这样，从哲学观点来看，今文家追求价值，核心是伦理学，求善；古文家追求真实，核心是历史学，求真。如果把求善的归属哲学派，那求真的就归属史学派，史学跟哲学的意见尽管不同，但不相冲突。因为，这一本《春秋》到底是哲学书，还是史学书呢？争论的关键点就在这里。

对于《春秋》的不同观点，周予同先生在《经今古文学》中指出，今文学派认为《春秋》是经过孔子笔削，具有"微言大义"的著作；而古文派则以《春秋》为孔子所修，是根据周公的鲁史凡例修订补充而成，不能算是著作。这样的说法，比较符合清末以来学术思想的实况，像刘师培、章太炎他们主张是孔子修《春秋》，把《春秋》当作为编年史；而康有为、皮锡瑞则主张孔子作《春秋》，《春秋》是政治哲学著作。后人对"修"或"作"一字的使用，是跟着视《春秋》为"史"还是"经"，甚至跟"经"是什么的这一性质的认定有关。"史"是据事直书，不立褒贬；而"经"是树立常道，垂范后世。但是，这种分别乃是预设在狭义的"经史分立观"上，依经学史，汉以前好像不是这样。皮锡瑞《经学通论·春秋》说：

> 说《春秋》者，须知《春秋》是孔子作。作是做成一书，不是钞录一过，又须知孔子所作者，是为万世作经，不是为一代作史。经史体例所以异者，史是据事直书，不立褒贬，是非自见，经是必借褒贬是非，以定制立法，为百王不易之常经。《春秋》是经，《左传》是史。后人不知经史之分，以《左氏》之

说为《春秋》，而《春秋》之旨晦。

这就是以经史有别观来处理的结果；另外，康有为《春秋笔削大义微言考》也有相似的论述，都可拿来参考。

第二节　三传诠释特点及其流别

《春秋》有三传，即《公羊传》《穀梁传》《左传》。它们对孔子的《春秋》有着不同的诠释，存在着各自的特点。

先说《左氏传》。《左氏传》是古文学派推崇的典籍。古文派为什么把《左氏春秋》当作《春秋》的传呢？就是相信《左氏春秋》也是解《春秋》经的关系，正因为如此，西汉末年的刘歆才要把它纳到经学的范畴里面。他认为《左传》对孔子的《春秋》有诠释价值，可以补充经中有关史实的说明，理当立作官学；可是当时的今文家十四博士认为孔子的《春秋》重点在“义”，不在“事”，不可纳入，遂起争端，这争端其实不无涉及利禄的因素。汉代崇孔尊经，《公羊春秋》备列学官，但《左传》没有，想要立个学官，看来看去只有把《左氏春秋》当成解经才有机会，于是把它连贯起来。事实上，《左氏春秋》是不是纯粹为了解经，尚有待研究。不过看起来有一些，如果完全丝毫无关的话，刘歆也不会这样做。可是我们仔细核对一下，好像又有出入，所以，这个地方还是值得再深思。回到原初，孔子作《春秋》的时候，到底有没有哲学与史学的分别？也就是有没有经与史的区分意识？其实经、史之分，是后来才有的，当初根本没有。难道不能亦经亦史吗？问题是如果把经史界定得这么死，经仅对义说，史仅对事说，对事的说明算不算解“经”？那就要看所谓的“解”作何定位。如果“解”只针对“义”，而“事”不包括在内，那么《左氏春秋》就不能当作“左氏传”，只能当作史录；如果《春秋》是鲁史《春秋》，这个《春秋》我们不否认，但是如果说它是解“经”，就有疑问。

简单地讲，《左氏》的主要观点是记录过去，追求真实，在纪录的时候特别注意事物的前因后果、利害得失，作为一面镜子。史官们据事直书，不畏强权，诚如文天祥在《正气歌》中提及“在齐太史简，在晋董狐笔”，像董狐他们这些不怕死的史官，如实记事的精神令人敬佩。史官据事直书的传统及不屈强权的精神，乃是《左氏传》坚守的基本立场。

《穀梁传》的立场是什么呢？《穀梁传》诠释的重点立基当下，重视当下的心行是否合于礼义，引入礼义范围就批判其动机、行为合不合义理。这个义理还是依据口说的。《穀梁传》开宗明义，“春，王正月”，一开始讲“谨始”“谨始”就在“明正”，一开始要讲怎么样才正，辨明正与不正。换句话说，《穀梁传》的角度特别强调“谨始明正”。《公羊传》《穀梁传》都依据口说，但《左传》不是依据口说，《左传》没有口说的传统。《左传》依文成书，按照古代所出现的书来讲的，所以，依据古书必须先懂得古字，懂得古字必先懂得古文字学。后来，凡从《说文解字》入手的，那一定是古文学家。如果是依据《尔雅》诂经的，那是口说，属今文学系统。所以说，就算同作为解经的传，在这个方面还是有所不同。

《公羊传》很简单，它主要的关怀在未来。《公羊传》寄望未来，就像《易经》一样，关照未来应当如何。《易经》和《春秋》是孔子晚年的著述，这两个经有密切而不可分的关系。钱穆的老师——吕思勉先生，写了一本书叫《经子解题》。《经子解题》里面就说过“盖孔门治天下之道，其原理在《易经》，其办法则在《春秋》”。他这样讲，说明《易经》是属实践原理的，《春秋》是属实践步骤的。从中我们看得出吕思勉先生对经学的理解也是归属今文学家系统的，绝对跟刘知几的看法不一样。唐朝刘知幾就曾批判道，写史书绝对不可以像孔子所作的《春秋》这样写，孔子写的这部《春秋》，不像是作为一本历史纪录的书所应该有的。我们知道孔子作《春秋》本来就不是为一代写史，所以，把《春秋》当历史书看待那就错了，不是孔子不对。

《公羊传》解经的焦点在未来，要展望未来，希望明天会更好。那怎样能让明天更好呢？这就要示之以义法，志在拨乱致治。“致治”的意思就是让一个很乱的社会首先变成一个有法制的社会，其次为有伦序的社会，最后才登上所谓的尧舜之治的“大同”社会，这就是《春秋》三世的致治步骤。《公羊传》是依口说的，传文中有“託始焉尔”的话，表明它是“明义託始”的著作。“託始”

的意思是说《春秋》所记载的那件事情，并不意谓事情真实发生的情况如同所记的时间点完全一样，只是《春秋》经文为了呈显义理的方便，把它写在这儿。所以，《公羊传》对于春秋史事的立场是以“託始”的方式，来拓展义理的诠释。《公羊春秋》的“託始”非常重要，其目的在“借事明义”，在彰显孔子心目中的“义”。

接下来，我们要知道《春秋》传承的一些常识，不能不明白《春秋》学自古相传的情况。孔子传《春秋》，到了西汉，出现了左氏、公羊氏、穀梁氏、邹氏、夹氏五家。邹氏、夹氏后来失传了，后来只有《左氏春秋》《公羊春秋》和《穀梁春秋》保留下来。《左氏春秋》到底是不是解经的，一开始就有争论，后来勉强接受刘歆的提法，纳《左氏春秋》为解经系统，遂成《左氏传》，加上《公羊传》《穀梁传》就成了《春秋》三传。但《左氏传》传的是“事”，《公羊》《穀梁》传的是“义”，对“义”或“事”的侧重，明显地就有显扬价值与究明事实的不同。

三传都从孔子传《春秋》那儿来的，毕竟同源而异流，以下，略述各自的传承大略。

《左传》的传承从孔子到左邱明，左邱明是史官，根据历史记载是这样。至于是不是《论语》里面那个左丘明，各有各的说法，我们这里不作讨论。接下来有曾申，他是曾参的儿子，吴起师之，传至吴期，接着铎椒，再传虞卿，一直到荀卿，即荀况；汉代承其学的有张苍、贾谊，贾嘉承之，传贯公、贯长卿，接传张禹（非安昌侯张禹）、尹更始，乃至刘歆、贾逵、许慎等，另一支数传至马融。自贯长卿以下，传承颇茂，可见左氏学流传的盛况。

那么《公羊》学呢？公羊学则是孔子传子夏，子夏传公羊高，由公羊高、公羊平、公羊地、公羊敢、公羊寿、胡毋生、公孙弘依次相传。西汉时公羊寿和他的学生胡毋生两个人合作，开始把口授的内容记诸竹帛，唐徐彦《春秋公羊传》疏引戴宏序说叫作“著之竹帛”流传后世，此属齐学一系；但传《公羊春秋》学的，推测还有晋学，董仲舒所传的应是来自晋学，其师承未明，但他的后学，至为显达，像司马迁、嬴公、褚大乃至眭宏，乃至严彭祖、颜安乐、刘向等均颇著名。可见传《春秋》学的，区域不限于齐、晋，应该还有鲁，因此，就不能不提《穀梁》学的传承系谱。

《穀梁》学亦出自孔子，下传子夏，子夏传穀梁赤，历数传至荀卿，荀卿传申公。申公是西汉经学大师、今文诗学“鲁诗学”开创者。申公再传江公，江公也就是瑕丘江公，汉武帝时曾与董仲舒论《春秋》义，因口吃，论辩不如董仲舒，其学数传至刘向、尹更始、尹咸等。据后世推测，《穀梁传》可能是瑕丘江公书诸竹帛的。

今示之简表，如下：

孔子→左邱明→曾申→吴起→吴期→铎椒→虞卿→荀卿→张苍→贾谊……张禹→刘歆……→马融

孔子→子夏→公羊高→公羊平→公羊地→公羊敢→公羊寿→胡毋生→公孙弘（齐学）

……→董仲舒→司马迁、嬴公→……刘向……→严彭祖、颜安乐→刘向（晋学）

孔子→子夏→穀梁赤→……→荀卿→申公→江公……→刘向（鲁学）

第三节　史料记载孔子作《春秋》

孔子是整理《春秋》，还是作《春秋》？究竟我们怎么看待这个争论？让我们冷静一点，回归史料。看史料里面到底孔子是修，是作、修作，或者成《春秋》、次《春秋》、著《春秋》、为《春秋》？到底是抄录，还是讲述、整理，还是笔削？

我们先从《孟子》来看：

世衰道微，邪说暴行有作。臣弑其君者有之，子弑其父者有之。孔子惧，作《春秋》。《春秋》，天子之事也。是故孔子曰：“知我者，其惟《春秋》乎！罪我者，其惟《春秋》乎！”……昔者禹抑洪水而天下平，周公兼夷狄、驱猛兽而百姓宁，孔子成《春秋》而乱臣贼子惧。（《滕文公下》）

“《春秋》，天子之事也”这句话怎么理解？如果说《春秋》是天子的事情，那么孔子作《春秋》岂不是僭位？孔子是绝对遵守伦理纲常的，怎么可能会僭位呢？这就造成理解上的种种冲激。可是从《公羊春秋》的立场来讲，孔子是“素王”，有德无位，但他应该是王。既然应该是王，为什么他不能做“天子之事”呢？孔子就是怀着治世理想，借用鲁《春秋》所记两百四十二年间的史事作为例子，进行拨乱反正，提出他的经世策略。孔子作《春秋》，以匹夫遂行天子经世之责，呈现孔子一生终极志向。用孔子自己的话说：“知我者，其惟《春秋》乎！罪我者，其惟《春秋》乎！”“罪我”，就是人家怪罪我，不是孔子认定自己有罪。我们要了解孔子，如果不读《春秋》，怎么知道孔子一生最终的志业在这里，所以说：“知我者，其惟《春秋》乎！”因此，我们光读《论语》不够啊，死抱着《论语》不足以进入孔子的内心世界，不懂《春秋》真的不行。

孟子接着又说：

昔者禹抑洪水而天下平，周公兼夷狄、驱猛兽而百姓宁，孔子成《春秋》而乱臣贼子惧。

“禹抑洪水而天下平”，禹抑洪水是讲人和自然的生存斗争；“周公兼夷狄、驱猛兽而百姓宁”是讲人兽之间的文野斗争；“孔子成《春秋》而乱臣贼子惧”，是讲人与人之间的伦理斗争。孟子将孔子作《春秋》，将维护伦理的功劳跟大禹治洪水、周公兼夷狄的功业相比论。孔子所作的正是追求人间的公理与正义，竣别是非，彰明善恶的大事业。

《孟子·离娄下》里面又讲：

王者之迹熄而《诗》亡，《诗》亡然后《春秋》作。晋之《乘》，楚之《梼杌》，鲁之《春秋》，一也。其事则齐桓、晋文，其文则史。孔子曰：“其义则丘窃取之矣。”

“其事则齐桓、晋文”是说《春秋》这部书所记载是有关齐桓公、晋文公等春秋五伯的事情。“其文则史”是说所书写的乃史官记录，是鲁国的历史，是百国春秋的历史。孔子说“其义则丘窃取之矣”，请问这个“义”是哪里的义？原来指史书里透过史笔所呈现的“义”。史官修史，运用书法，褒贬善恶诸事物，即史官的礼义判断。有人研究这个“史”字会意指持中，史官据事直书，禀持中道作历史裁判，其裁判必有史“义”在，孔子“窃取之”，表明孔子有赞同史官的裁判处，因而保留下来。换句话说，在鲁《春秋》的史官笔法，孔子同意的就照抄，不同意的就删改，以符合孔子心目中的“义”，因此，司马迁才有孔子“笔则笔，削则削”说法。

《春秋》是孔子笔削鲁史旧文而成的，所以，我们就要知道“笔削”之说的来源。司马迁在《史记》中告诉我们，他师承董仲舒的《公羊春秋》学,《史记·孔子世家》中明示孔子：“因史记，作《春秋》……乃至为《春秋》，笔则笔，削则削，子夏之徒不能赞一辞”。这是《春秋》笔削说的由来。传文中有所谓“不修春秋”即指鲁史旧文，经孔子删修后，成为今日的《春秋》经，而“修”其实就是“笔削”，有丰富的意义蕴含其中。看《公羊传》所传的《春秋》经，如隐公不书“即位”，依鲁史原文当有“即位”，而孔子削之，顺承隐公心意，不书即位表示让位。桓公元、二、十、十八年春，书“王”，其余不书。如果依照《春秋》正辞的书法，必定要书“春王正月”，为什么其余不书，是否因年久阙脱？如果阙脱，也不应当阙脱如此之多,《公羊传》中虽然没有明确解说，但我们可否依据董仲舒和何休的说法来了解。

董仲舒《春秋繁露·玉英》云：

桓之志无王，故不书“王”……不书“王”者，以言其背天子。……桓不言“王”者，从其志，以见其事也。

据此可知，鲁史原文当有“王”，而孔子在《春秋》经中就“削”去了。为什么削去？我们看看何休《解诂》的回答：

无“王”者，以见桓公无王而行也。二年有“王”者，见始也。十年有“王”者，数之终也。十八年有“王”者，桓公之终也。明终始有王，桓公无之尔。不就元年见始者，未无王也。

为什么不书“王”？因为桓公心中没有“王”，所以孔子削之。为什么有的有书“王”？因为要“明终始”，孔子就照录下来。从这里就知道《春秋》是经孔子笔削鲁史旧文而成的。

我们再看鲁宣公二年秋，经书“晋赵盾弑其君夷嗥”。依六年传文说，事实上是赵穿弑君，可是晋国的史书还是写着“赵盾弑其君”，将赵穿弑君归罪于他，赵盾说他很冤枉。鲁史原文如何，我们不得而知，恐怕晋史原来就这么写的，孔子对此也照录不误，这就是“笔”。像清末康有为所写的《春秋笔削大义微言考》，把《春秋》的笔削之迹就回推得一清二楚，如果没有所谓笔削这回事，那这一本书根本就不必写了。

依《公羊传》而言，《春秋》是经孔子笔削而成。古代史官修史必有书法（史例），孔子因之，即“笔则笔”也。宋朝吕大圭《春秋五论》所谓的“达例”，达例就是通例。问题更进一步，如果“笔则笔，削则削”的意思，就是说鲁史中史官判断的书写，孔子赞同的就照抄，不赞同的就删掉，是不是仅此而已？有没有可能对史官的判断不同意或不尽意而加以更改的呢？所以，《春秋》经中不赞同史官书法的就删除，即“削则削”也，吕大圭说那是圣人的“特笔”。吕大圭另外在《春秋后问》里面就说要懂得《春秋》经，必得要懂得《春秋》的“达例”以及《春秋》的“特笔”。“学者之观《春秋》，必知孰为《春秋》之达例，孰为圣人之特笔，而后可观《春秋》矣！”这告诉我们读《春秋》，要知道哪些是《春秋》的达例，哪些是《春秋》的特笔，才可以读《春秋》。

再者，《史记·孔子世家》里面也讲：

孔子在位听讼，文辞有可与人共者，弗独有也。至于为《春秋》，笔则笔，削则削，子夏之徒不能赞一辞。弟子受《春秋》，孔子曰：“后世知丘者以《春秋》，而罪丘者亦以《春秋》。”

司马迁在这里就说得很明白，《春秋》确实是经过孔子的笔削，并由子夏等累世传下，后世人也因孔子作《春秋》而深知孔子，也有因孔子作《春秋》而怪罪孔子。

第四节 《春秋公羊传》传孔子口说

《春秋公羊传》是经孔子口授弟子，师徒辗转口说，流传于世的。针对《春秋》经的字辞，传文随之作解。传文常提“所以者何”，换成现在口语，即“为什么这样？”随便找一条，譬如“元年者何”，因为针对《春秋》经文“元年，春，王正月”的这个“元年”来提问的，说这个“元年”是指什么呢？回答说“君之始年也”。这样一问一答，显示一种问答体裁。有人说这一问一答是指弟子问、孔子答，这个传文表明孔子这么说的，弟子这么记，是可以这样理解。但极端一点，说是孔子的自问自答。有人写文章采自问自答的方式，像熊十力先生的《读经示要》就用过这样的方式，为文自我虚拟，自问自答。为什么采用这种方式？因为道理不知如何说起，别人也不知道怎么问起，若要写成教科书，试采自问自答的方式。对话体的文章可能是写实的，也可能是虚拟的，不一定等别人问才解答，也可以虚拟别人可能这么问，自己来解答，反正这样更可以尽情表达自己的思想。我们发现别的书很少像《公羊传》《穀梁传》两传的书写方式。传文解读《春秋》基本上是哲学式的，为什么说是哲学式？哲学式的最大的特点就是凡事都要问个“为什么”，只要一问“为什么”，就已经跨进哲学的门槛。哲学进行的方式就是问“为什么”，问“为什么”之后，接着要解答。解答之后，还要问“为什么”。你说这样是对的，那为什么是对的？给出个答案，我还是要问你为什么这样？接着再给个答案，若我还不满意，我仍然还要问下去，问到最后，也许你满意了，就不再问了。如果你还不满意，你还可再继续问。这种打破砂锅问到底的精神，恰好就是哲学的精神。所以，我说《春秋》传最具有哲学探问的精神。

透过史籍的相关记载，《春秋》经的传承是由“口授弟子，师徒辗转口说”而流传于世，当可确信。《史记·孔子世家》说孔子：“为《春秋》，笔则笔，削则削，子夏之徒不能赞一辞。弟子受《春秋》，孔子曰：‘后世知丘者以《春秋》，而罪丘者亦以《春秋》。’”这里说“弟子受《春秋》”，表明孔子的《春秋》是通过弟子流传下来的。《汉书·艺文志》也说："《春秋》所贬损大人、当世君臣、有威权势力，其势皆形于传，是以隐其书而不宣，所以免时难也。及末世口说流行，故有公羊、穀梁、邹氏、夹氏之传"。《汉书》更说出《春秋》传承中有"隐其书而不宣"，另以师徒口说流传的情形。何休在《解诂》中也陈述《春秋》口授相传，直到汉代公羊氏才形诸文字。说："《春秋》有改周受命之制。孔子畏时远害，又知秦将燔诗书，其说口授相传，至汉公羊氏及弟子胡毋生等，乃始记于竹帛。故有所失也"（见何休《解诂》隐公二年冬十月条下）。

《公羊春秋》还有"五世单传"的记录。徐彦《疏》引戴宏《解疑论·序》云："子夏传与公羊高，高传与其子平，平传与其子地，地传与其子敢，敢传与其子寿；至汉景帝时，寿乃共弟子齐人胡毋子都著于竹帛。"这个五世单传口授，至汉景帝时乃著于竹帛之说，以及何休说孔子预知秦将燔书之事，后世学者持怀疑态度加以否定。可是我们看到《公羊传》传文，其中引有"子公羊子曰"（桓公六年、宣公七年）、"子沈子曰"（隐公十一年、庄公十年、宣公元年）、"子司马子曰"（庄公三十年）、"子女子曰"（闵公元年）、"子北宫子曰"（哀公四年）、"鲁子曰"（庄公三年、廿三年、僖公五年、廿年、廿四年、廿八年）、"高子曰"（文公四年）等等。按公羊家五世单传之说，传文所引已不专属公羊子一系。

日本学者山田琢教授曾深入分析《公羊传》全书，认为传义制作后，又有经师补释传义。如僖公九年传文中"震之者何"以下有针对以上传文"桓公震而矜之"作解释，也有采录各种说法的，如传文中有"或曰"的；也有附加以上各经师的言说等等。日本学者读得很仔细，这个让我们开阔眼界，不受陈说的束缚，今天我们所看到的传文应该是集众多相关材料而成的。

如果我们能够通观公羊学者本承《公羊春秋》来立说，绝对不能因为《公羊传》中没明文就否认董仲舒、何休的说法。传文没有表露的未必全是董、何的私说，口授说应该有合理的解释空间。透过思想史的研究法，人们往往认为董、何所讲的在《公羊传》里没有均属公羊私说，这样的说法好像也不大对。我们要承认《春秋》有口说，如同碰上乱世就有不便说，不能公开说的情形，一旦时过境迁，公羊学者才据实说出，原先那些不能公开说而后来说出的反而益显重要。

刘歆在《让太常博士书》说"夫子没而微言绝，七十子终而大义乖"，"信口说而背传记，是末师而非往古”，这是对当时今文家重视末师口说的偏颇而来，恰恰证明今文家之间的口说传承确有其事，不管大义还是微言均是《春秋》之义。《春秋》之义有可书写公开出来的“显”义，也有不可以公开说出，而通过口传的“微”义。汉初，秦挟书令尚未废除期间，儒者如何传承经义？传文制作未必到汉景帝时公羊寿才开始著录，而当时编订出来的，这也未必完全表露出来。康有为认为《春秋》之义以口说相传，不专在文字，而且口说之传在《公羊》《穀梁》,《公羊》《穀梁》传了大义，但非常异义的微言见传于公羊家董仲舒、何休等人言论中，以上这些说法还是值得参考，无法轻易否定。

第五节 《春秋》是借事明义的书

《春秋》以编年方式书写，固也记叙史实，但仅以纯史实来读，结果会像《左氏春秋》一样，把《春秋》读小了。《春秋》是一部借事明义的书，我们不要把它当纯史书看。当然《春秋》有描述历史事实部分；孔子在这个地方是一定有所选择，背后也有其书法之义在。《春秋》利用史官对鲁国历史的记录，来表达孔子心中所要表达的“义”，原有的史“文”“义”为孔子所去取，重新赋予新“义”。“义”有广狭，狭的是指伦理判断，广的蕴含经世大法。这个“义”，义（義）字从羊，跟“善”字同一字源，表是非、善恶的概念。是非指对错，属于行为的道德判断，对的就是正确的。有义就有善，有善就有德，《易经》“元者，善之长也”,《春秋》“元年”的“元”，同表一“元”，两经同贯。德分大德、小德，有德、无德，属于贤、不肖的德行判断。《春秋》讲“拨乱反正”，这个“正”没有“中”，没有“时”的配合很难谈到“正”。从整个经学来看，《易经》阐发宇宙变化原理，《春秋》讲的是对每件事情做出规范判断。这个判断是圣人的判断，是孔子秉持天心所做的判断，《论语·为政》“七十而从心所欲，不逾矩”，是孔子七十岁时所说的话，这个“矩”就是指“道”；隔了一年，孔子借鲁史作《春秋》以明“道”。在《孟子·离娄章句下》有深刻阐述：“王者之迹熄而《诗》亡，《诗》亡然后《春秋》作。晋之《乘》、楚之《梼杌》、鲁之《春秋》，一也。

其事则齐桓、晋文，其文则史。孔子曰：'其义则丘窃取之矣。'"孟子的这段话，先前有解说过，在《公羊传》里同样也有讲类似的话，"《春秋》之信史也，其序则齐桓、晋文，其会则主会者为之也，其词则丘有罪焉尔！"（昭公十二年春）同样表达了孔子作《春秋》是采用借事明义的看法。

《春秋公羊传》里有"託始"的说法，表明《春秋》是借事明义的书。"託始"是说经文里为了呈现某种大义，适时假托出现的事物来表示。事实上，该事情并不是初次出现，而是《春秋》记事之前早就发生过，因此，《春秋》所书未必完全合乎史实。孔子作《春秋》受到鲁《春秋》记事二百四十二年间的限制，为了表义，不得已也会运用假托的方式。託始正是它显示微言大义之一。如：

经：夏，无骇帅师入极。（隐公二年）

传：无骇者何？展无骇也。何以不氏？贬。曷为贬？疾始灭也。始灭昉于此乎？前此矣。前此则曷为始乎此？託始焉尔。曷为託始焉尔？《春秋》之始也。此灭也，其言入何？内大恶，讳也。

灭国之事在隐公二年之前就发生过，这里本当书"展无骇帅师入极"，今却去"展"（其氏）字以贬无骇之"疾始灭"语，《春秋》假托灭国之事始于此，不是说到了春秋才有灭人国的事发生。这里的"託始"是为了呈现灭人之国是件大恶的事，尤其事关王化的鲁国本身。

经：九月，纪履緰来逆女。（隐公二年）

传：外逆女不书，此何以书？讥。何讥尔？讥始不亲迎也。始不亲迎，昉于此乎？前此矣。前此，则曷为始乎此？託始焉尔。曷为託始焉尔？《春秋》之始也。

春秋以前，各诸侯国君娶亲不亲迎的事早就发生过。依《春秋》书法，像这种事非关鲁国违礼的事向来是不书写的，这叫作"外逆女不书"，那为什么经文在此却书写纪国（鲁国之外）不亲迎的事？"託始"是为了要显示"不亲迎"

是件不合礼的事，没有国内外的分别。“讥始不亲迎”正是《春秋》“託始”以明“亲迎”大义的例子。

其他，像“讥始僭诸公”（隐公五年九月），“疾始取邑”（隐公四年春），都表示这些背礼的事在春秋以前曾发生过，《春秋》经之所以“书”，都是用“託始”笔法来示义。如果之前没有发生，现在才发生，如“疾始以火攻”（桓公七年二月），就不用“託始”笔法。《公羊传》书法存有“託始”与“直书”二种，“直书”的容易了解，但“託始”的大义就不那么清楚了，想要明了《公羊传》的“微言大义”，就不能不知“託始”的义例。

第六节 《春秋》是孔子晚年见志之作

孔子任鲁司寇，曾代理相国政务，参与执政三个月，鲁国大治。齐国一听说鲁国人要重用孔子，齐国害怕起来，派一女乐团来娱乐鲁国君臣，让他们陶醉在戏剧音乐里，导致朝政松弛，风气败坏。孔子看到鲁国君臣被齐国派来的女乐团给迷惑着，卸下了心防，伤心地辞而去，原本寄望鲁国推行大道的希望破灭，只好“求售于外”。“沽之哉，沽之哉！吾待贾者也。”孔子周游列国，历经十四年之久，也没有找到行道的平台。晚年返鲁之后，呕心沥血，赞《易》，作《春秋》，寄寓自己的政治理想与经世主张。因此，我们说《春秋》乃孔子晚年“见志之作”。“见”就是“现”，表现孔子的志向。这个“志”很重要，《论语·公冶长》里面，有“愿闻子之志”的话，“老者安之，朋友信之，少者怀之”说的正是孔子之“志”。所以，我们要懂孔子，一定要探讨孔子之志在哪里，一辈子的奋斗究竟为了什么，孔子说“朝闻道，夕死可矣”，又说“志于道，据于德，依于仁，游于艺”。孔子一生“志于学”，“志于道”，最终理想就是希望能够实现“道”。理解这一点很重要，笔者曾经写过一篇专论《孔子晚年心志蠡测》，可拿来做参考。

从《春秋公羊传》的书写来看，《春秋》文末“西狩获麟”这一段的传文，值得特别留意：

经：春，西狩获麟。（哀公十四年）

传：何以书？记异也。何异尔？非中国之兽也。然则孰狩之？薪采者也。薪采者，则微者也，曷为以狩言之？大之也。曷为大之？为获麟大之也。曷为获麟大之？麟者仁兽也。有王者则至，无王者则不至。有以告者曰："有麇而角者。"孔子曰："孰为来哉！孰为来哉！"反袂拭面，涕沾袍。颜渊死，子曰："噫！天丧予。"子路死，子曰："噫！天祝予。"西狩获麟，孔子曰："吾道穷矣！"《春秋》何以始乎隐？祖之所逮闻也。所见异辞，所闻异辞，所传闻异辞。何以终乎哀十四年？曰："备矣！"君子曷为为《春秋》？拨乱世，反诸正，莫近诸《春秋》。则未知其为是与？其诸（犹"抑"也）君子乐道尧舜之道与？末不亦乐乎尧舜之知君子也（耶）？制《春秋》之义，以俟后圣，以君子之为，亦有乐乎此也。

唐代以前，古人著述通例，最后一章往往是整本书的序，将著述的因缘都写在里面。今人反而把序写在前面，表彰自我，与古人有别。司马迁《太史公自序》也不例外，像更早的《淮南子·要略》也是写在整本书的最后。《公羊传》传《春秋》经义于最后一句"西狩获麟"，寓含微言，综述了孔子晚年作《春秋》的因缘，因此，这一章非常重要。

在鲁哀公十四年的这一年前后，对孔子来讲实在恶运连连。约前一年儿子孔鲤死了，不久爱徒颜渊也死了，孔子说"天丧予！"来年（鲁哀公十五年）子路死了，孔子说"天祝予！""祝"即断，断绝我的意思。《春秋》经写到鲁哀公十四年春天"西狩获麟"为止，孔子说了一句"吾道穷矣！"传文的解经照顾到孔子写作的当下背景。

《春秋》为什么"始乎隐"呢？"始乎隐"就是书写从隐公元年开始。为什么从隐公元年开始？"祖之所述闻也。"记录远自高祖曾祖的时事。"所见异辞，所闻异辞，所传闻异辞。""异辞"就是指《春秋》笔法对相同事有不同的修词，它随着三个不同时段："所见"——自己与父亲所及见的时代，"所闻"——祖父所及见的时代，"所传闻"——高祖父、曾祖父所及见的时代。"何以终乎哀十四年？曰：'备矣！'"那为什么记录在哀公十四年春"西狩获麟"结束呢？因为要表达的已经够了。"君子曷为为《春秋》？拨乱世，反诸正，莫近诸《春秋》。”孔子为什么要作《春秋》？为了要拨除不公不义的乱制，回归公平公正的制度。对于当世来说，没有别的事比得上《春秋》所要做的更为迫切。《春秋》这本书的主题在揭示拨乱反正的道理，提出一套让天下太平的策略和办法。“则未知其为是与？”不知道是不是这个样子？这是记录传文者的自我反省。“拨乱世，反诸正，莫近诸《春秋》”是传承《公羊传》意的弟子对《公羊》义理所作的总结，接着很谦虚地表示：不晓得是不是这样。“其诸君子乐道尧舜之道与？末不亦乐乎尧舜之知君子也（耶）？”“其诸”犹“抑”，选择之词。“与”同“欤”，语助词。“末”，发语助词。“也”通“耶”。“乐”前后异读，前读 lè，副词，欢喜；后读 yào，动词，喜欢。整句意思作“还是君子欢喜推行尧舜之道吧？君子不也喜欢（后世有王者如）尧舜深知自己的用心吗？”君子乐推尧舜之道，尧舜深知君子作《春秋》的用心，彼此相知，不也感到快乐吗？按照汉人的说法，《公羊传》有意为汉朝下个伏笔，等同冀望后代出现像尧舜的君王能知孔子之志来完成它。传末所说“作《春秋》之义，以俟后圣，以君子之为，亦有乐乎此也”，就是这个意思。后代君王若要有所作为，除了推行《春秋》拨乱反正之法，没有第二条路。已往讲《春秋》最多只讲到文王之道，若依传文，我们绝对不能忘掉“君子乐道尧舜之道”这句话，尧舜之道才是《春秋》的终极理念。

后汉何休著《春秋公羊传解诂》有《序》云：“昔者孔子有云：‘吾志在《春秋》，行在《孝经》。’此二学者，圣人之极致，治世之要务也。”何休这句话有意错读《孝经纬钩命诀》“孔子云：欲观我褒贬诸侯之志，在《春秋》，崇人伦之行、在《孝经》”语，但道理不误。

《史记·孔子世家》记孔子晚年曰：“‘弗乎！弗乎！君子病没世而名不称焉。吾何以自见于后世哉？’乃因史记作《春秋》。”《儒林列传》又再说：“故因史记作《春秋》，以当王法。其辞微而指博，后世学者多录焉。”更详细的是在《太史公自序》里引用他的《春秋》学老师董仲舒所说的话：

> 周道衰废，孔子为鲁司寇，诸侯害之，大夫壅之。孔子知言之不用，道之不行也，是非二百四十二年之中，以为天下仪表，贬天子，退诸侯，讨大夫，以达王事而已矣。子曰：“我欲载之空言，不如见之行事之深切着明也。”夫《春

秋》，上明三王之道，下辨人事之纪，别嫌疑，明是非，定犹豫，善善恶恶，贤贤贱不肖。存亡国，继绝世，补敝起废，王道之大者也。

补充《公羊传》所未尽言的微言与大义。换句话说，《春秋》是孔子晚年表明心志的大作。

第三讲 《春秋》书法论

《春秋》是孔子晚年见志之作，晚年孔子本着天心，本着他的仁心，在面对未来的世界理当如何，进行规划，提供一个经世蓝图。但如何来呈现这个经世蓝图呢？孔子是借用鲁国及百国春秋史事，运用一套书写条例来呈现规划要旨。因此，《春秋》这个经世蓝图譬如棋谱，鲁国或百国史事是一个个棋子，而《春秋》书法就是这些下棋的规则。

清代蒲松龄《聊斋志异》中记载了一个这样的故事：有一个明朝时的宰相，曾经投降李闯匪寇，很为人们所不耻。退休后回到老家，建造的享堂正要落成，请几个人为他值宿其中，第二天天亮后，人们发现堂上匾额写着："三朝元老。"上联写有："一二三四五六七"，下联写着："孝弟忠信礼义廉"。大家都感到奇怪，不明白其中什么意思。这时有个人出来解读道："此联上句隐指'亡八'，下句隐指'无耻'。"可是那个退下来的前朝宰相，看到这对联后还觉得很高兴，没有想到这对联是讥讽他的。这副对联其实采取的是《春秋》以"不书"书的笔法，即上联不书"八"字，下联不书"耻"字。这种讥讽的手法，唯有深知的人才能从所书中而知其所不书，而不书的部分才是作者所要书的。

《春秋》是孔子晚年见志之作，晚年孔子本着天心，本着他的仁心，在面对未来的世界理当如何，进行规划，提供一个经世蓝图。但如何来呈现这个经世蓝图呢？孔子是借用鲁国及百国春秋史事，运用一套书写条例来呈现规划要旨。因此，《春秋》这个经世蓝图譬如棋谱，鲁国或百国史事是一个个棋子，而《春秋》书法就是这些下棋的规则。本章所要讲的就是这些规则。

第一节 三传所传经文的差异

《春秋》有三传，各有各的传承，因此，《公羊传》《穀梁传》各自都要诠释它的经文，《左氏春秋》本来就是独立的一本书，但左氏硬说他也解《春秋》经的。刚过世不久的台师大博士陈新雄教授，曾写过《春秋异文考》，对《公羊传》《穀梁传》《左传》各自所本的《春秋》经文做过详细的考证，辨别其同异，值得参考。

这里我们先来介绍一下，《公羊传》跟《穀梁传》所记录的经文是从鲁隐公元年（公元前 722 年）到鲁哀公十四年（公元前 481 年），一共 242 年。其中隐公有 11 年、桓公 18 年、庄公 32 年、闵公 2 年、僖公 33 年、文公 18 年、宣公 18 年、成公 18 年、襄公 31 年、昭公 32 年、定公 15 年、哀公 14 年，也就是说孔子的记录是从鲁隐公元年记到鲁哀公十四年止。《公羊传》的记录中，在鲁襄公二十一年中附记着："十有一月，庚子，孔子生。"这当是孔子弟子添记的，不是《春秋》本有的。因为，孔子弟子非常在意《春秋》是孔子所作，自然就加记孔子的生日。但《穀梁传》中没有写"十有一月"，仅仅写"庚子，孔子生"。后代人推断孔子的生日，大概就是根据这个线索。然而《左氏春秋》所凭借的经，除了与前两者所记的始末时间相同外，同时还接续到鲁哀公十六年夏，这年记有"乙丑年，孔子卒"。换句话说，左氏《春秋》有续经，继续写到孔子卒为止。《公羊传》《穀梁传》也都记录到鲁哀公十四年，这个时间也是《春秋》经上的时间；而《左传》的经写到十六年，传则继续写到哀公二十七年八月甲戌。所以，针对这个地方后代都有争论，就是《左传》到底解经不解经？解经是经在前，经没有了，就不能续着说下去；那如果经有了，当然传也就要说下去，也可能是经遗失了，但是经的断限就是传的断限。换句话说这个经跟传应该是完全弥合的。按照每一公一个篇目的话，就是十二篇，我们看《汉书·艺文志》上面的记录，《公羊》《穀梁》的经都是十一卷，而传也是十一卷，一卷对一卷，经归经，传归传，要读的时候可对照起来。《春秋》跟《易经》一样，《易经》跟传（《十翼》）也是分开的。古代经传分离，后来为了方便，才把它们合拼在一起，这一点我们要知道。

著名学者洪业先生为《十三经引得》中《春秋经传引得》作序，写得很长。他是史学家，基本上不相信孔子作《春秋》。我们站在公羊学的立场，当然不会接受他的说法。可是他做个全面性的研究，提出《春秋》一经众本，同源异流的说法，值得我们参考。

他假设《春秋》有很多个版本，并图示其间关系，如下：

A 本：孔门某师所为鲁史之节本，以教门徒者。

B 本：《左传经》，以重义故，删史所书常事，生义例，窜入四时。

C 本:《秘府古经》，为《左氏经》所承，其传抄删繁，断至孔丘卒，表为孔门教本。

D 本:《穀传经》，执上诸本以授生徒，传抄至齐地，避田齐讳忌，删削获麟以后诸条。

E 本:《公传经》，执上诸本以授生徒，以麟为奇瑞，应孔子而至，著《春秋》，删“孔丘卒”，窜入“孔子生”。抄录编订，易以方言，如以邾为邾娄者。作传起于六国时，《穀传经》信孔子录鲁《春秋》有因未必有革，公羊信有因有革。

？：F–N 传，邹氏、夹氏之属及其他不知名诸家。

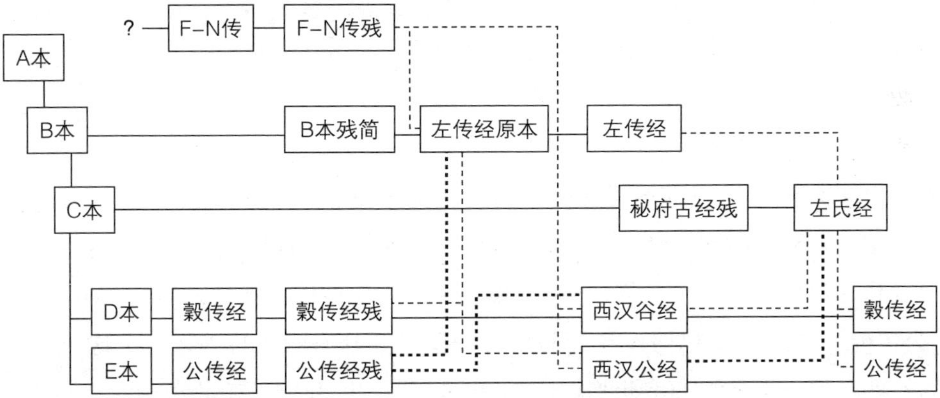

按照洪业先生所说，A 本是孔门某师所为的鲁史节本，用来教门徒，所以没有什么著作的问题。B 本就是《左传》的经。这个经慢慢在传的时候，由于重视这个义理的关系，所以把史书所书的那些常常出现的事情，又不是很重要的内容就去掉，后来就产生了义例。像我们现在看到《春秋》经有“春、夏、秋、冬”，这是很特别的，在这个时候就把春、夏、秋、冬这些字窜入经文，因此现在《春秋》经文里面有春、夏、秋、冬的字眼。C 本就是《秘府古经》，为《左氏经》所承。这里《左传经》经跟《左氏经》不同，《左传经》是因为要传“义”，所以删史之所书常事，生义例，窜入四时；而《左氏经》就是左氏所依靠的原来那本鲁史，是节本的，后经传抄，“断至孔丘卒，以为教本”。D 本就是《穀传经》，它“传抄至齐地，避田齐忌讳，删削获麟以后诸条”，即把鲁哀公十四年后面那些删掉。

西汉公羊家所传的经后来有残缺，这是 E 本。公羊家以麟为奇瑞，认为西狩获麟，是应孔子而至，著《春秋》，删孔子卒，将《左氏经》所传有“孔子卒”的那个地方删去，窜入“孔子生”。照他这样讲的话，《公羊传》所传的经居后，依此“抄录编订，易以方言”，那是由齐国传下来的。比如像那个“邾”，念音的时候拉长，变成了“邾娄”。“邾娄”就是“邹”，“邹”就是“邾娄”的合音。如果“娄”去掉，“邾娄”是齐国的方言，保留一个字就成“邾”字。六国时候的《穀梁传》相信孔子是录鲁国的《春秋》，“有因未必有革”，也就是说从《穀梁》家的立场来讲，他只是照抄，因袭鲁史；可是《公羊》家相信“有因就有革”，“有因”就是“笔”，“有革”就是“削”。

除了公羊、穀梁之外，还有邹氏、夹氏等等，这些传本，就是从F到N，不知名的也有。但最后流传下来的就只有《左氏经》《穀传经》《公传经》，光这个经就有这么多个版本。

康有为先生所著的《春秋笔削大义微言考》里面，曾提出《春秋》有四本说。在《发凡》里就讲：要了解《春秋》，先要知道《春秋》有四个版本。第一本是鲁史原文，就是“不修《春秋》”；再来就是孔子笔削过的《春秋》——“已修《春秋》”，这在传文里面都有记录，都有文本；第三个就是靠口传，指口说的《春秋》义，《公羊传》《穀梁传》里均有传，只是《春秋》义里还有所谓的“微言”，这个“微言”就等到公羊家董仲舒和何休才宣泄出来。所以，我们现在讲公羊学，基本上依据孔子笔削过的这个《春秋》文本外，加上公羊、穀梁的口说为基础；此外，我们还要接受董仲舒跟何休所提示出来的公羊学的那些科旨。因为，那些科旨关联到整个孔子经世思想的理解，若将《春秋》科旨与《论语》里面隐隐约约提到的，像“道”，“志于道，据于德”，“齐一变，至于鲁；鲁一变，至于道”等关联起来，对孔子的晚年思想的理解会更深入。譬如“齐一变，至于鲁；鲁一变，至于道”这一章，如果没有察觉到这跟《春秋》的三世义有关的话，这一章一定解不透。如果我们不用公羊“张三世”之说来解《论语》的这一章，就会跟朱子一样，把它当作历史事实演变的记录，以为“事实上这样”，而不是说“应该这样”。如果我们把《论语》“齐一变，至于鲁；鲁一变，至于道”这一章解作“应该这样”，就会跟“张三世”说——致治的“三阶段说”相符合，能如此贯通，更能把孔子的隐微之志显发出来。其他，像《论语》中“愿闻子之志”“吾与点也”那些篇章若能汇通起来看，一定更能体会孔子晚年究竟在想些什么。

第二节 《春秋》书法

《春秋》有书法，我们来看《公羊传》是怎么说的：

经：夏，四月，辛卯夜，恒星不见，夜中星霣如雨。(庄公七年)

传：恒星者何？列星也。列星不见，何以知夜之中？星反也。如雨者何？如雨者非雨也。非雨则曷为谓之如雨？不修《春秋》曰："雨星不及地尺而复。"君子修之曰："星霣如雨。"何以书？记异也。

我们看到《春秋》经写作"夜中星霣如雨"，而原来的不修《春秋》写作"雨星不及地尺而复"，"君子修之，曰：夜中星霣如雨。"为什么记录它？为了"记异"。《春秋》传里不是说"记灾"就是说"记异"，为何说记灾？为何说记异？背后是有个理由的，这个理由来自它的《春秋》义。

再来看：

经：冬，公会晋侯、齐侯、宋公、蔡侯、郑伯、陈子、莒子、邾娄子、秦人于温。天王狩(《穀梁》作守)于河阳。(僖公二十八年)

传：狩不书，此何以书？不与再致天子也。鲁子曰："温近而践土远也。"(《公羊传》)

传：全天王之行也，为若将守而遇诸侯之朝也，为天王讳也。水北为阳，山南为阳。温，河阳也。(《穀梁传》)

"天子狩于河阳"，《公羊传》里面说，"狩"即打猎，是冬天打猎的例行活动，就像每天起居一样不用重复记录，但是这里为什么偏偏要记录？因为"不与再致天子"。为什么"不与再致天子"？因为夏五月僖公等在践土之会已"致天子"过一次，现又在温再致一次。依礼诸侯朝见天子于京师，那能先后在践土、温两地"朝于王所"？显然是"谲而不正"的晋文公，恐霸业不成，一边向天子报告说"诸侯不可卒至，愿王居践土"，一边向诸侯说"天子在是，不可不朝"，迫使“正君臣，明王法”。《春秋》将天王居践土托辞作天王巡狩四方，目的在掩饰晋文公以臣召君的非礼行径。“致天子”是指召天子的行为，根本不足为训，经书“狩”，意在“不与再致天子”。传文引鲁子曰：“温近而践土远也。”有人说这个“鲁子”应该是“曾子”。清代阮元就这样推测，提供这样的线索，颇富创意。

对这件事，《穀梁传》怎么讲呢？它说“全天王之行也”，是为了要保全天王的巡行，说这个行动是天王主动来到温。其实不是，那是晋侯迫来的，以臣召君，不可为训。“为若将守（狩）而遇诸侯之朝也。”是把它看作天王到温这个地方来巡狩，召见各方诸侯。这种讲法是讳文见义，为天王被召来温而讳。“讳”就是隐盖，对这种不对的事情不好直说，天王被召事讲出来了，天王就不像个天王，为了维持天王的尊严，《春秋》经在这个地方用讳文，临文循常用“守（狩）”字来掩饰（讳）天王这种被召的窘境。

接着看《史记》对《春秋》经的笔法怎么讲。《史记·太史公自序》上说：

因史记，作《春秋》，上至隐公，下讫哀公十四年，十二公。据鲁，亲周，故殷，运之三代。约其文辞，而旨博。故吴、楚之君自称“王”，而《春秋》贬之，曰“子”。践土之会，实召周天子，而《春秋》讳之，曰：“天王狩于河阳。”

吴、楚之君自己称王了，可是《春秋》不承认他们是王，只承认他是吴子或楚子。践土之会，实际上是召周天子，可是“《春秋》讳之，曰：‘天王狩于河阳。’”这完全接受《公羊传》《穀梁传》的说法。

如前所说，《春秋》经的成立，经由“不修《春秋》”到“已修《春秋》”的过程。“已修《春秋》”为孔子所修，他这一修，其终极的目的是什么呢，是修史垂鉴呢？还是明义示法？如果是前者，当作修简明的现代史；如果为了垂鉴，必寓褒贬，那就作为一本史评；如果是后者，就关联到伦理判断，那是为了道德教化；如果还有更高的目的，那就是为万世开太平吧！后世对《春秋》的解读可能有很多种，但把它看作一本讲述如何治国平天下的书，应是《公羊春秋》学的会心所在。

第三节 笔法寓诸文辞

《春秋》的书写带有笔法，其措辞亦有《春秋》之文与《春秋》之辞的分别。那文与辞之间的关系是什么呢？现在通过《公羊传》传文来讲：

经：冬，黑弓以滥来奔。（昭公三十一年）

传：文何以无邾娄？通滥也。

“滥”是一个地点。传云“文何以无邾娄”，《春秋》经“文”为什么没有写出“邾娄”？“邾娄”是小国的名称，“黑弓”是一个人，本来应该写“邾娄”，为什么这里不写呢？因为写“邾娄”跟写“滥”一样，“邾娄”这个名称可以用“滥”来替代。一个是地点，一个是国名，用“滥”这个地点就可代称“邾娄”这个国名。可知，传文指出《春秋》有“文”，就叫做“《春秋》之文”。

再看一条：

经：冬，十有一月己巳朔，宋公及楚人战于泓，宋师败绩。（僖公二十二年）

传：偏战者日尔，此其言朔何？《春秋》辞繁而不杀者，正也。

这条经文写明时月日开战，这是记录“偏战”的常例。“偏战”指君子之战，双方约定好时间、地点，不搞突袭，不搞欺骗，正面摆开阵势来打。《春秋》里面写战争，凡是偏战的话，一定写日期，“偏战者日”。但写了日期就好了，为什么还要写“朔”呢？“朔”就是初一,一个月的开始，为什么写这么详细呢？“此其言朔何？《春秋》辞繁而不杀者，正也。”“杀”就是减省的意思，《春秋》措词写得这么详细为什么？因为“正”。为什么正？因为这一次的战争很君子、很正规、很正派。《春秋》里面特别讲究“正”，像“大居正”，《论语》也讲“齐桓公正而不谲，晋文公谲而不正”。无论哪个，显然都有一个判断行事价值的核心观念，就是正、不正，当然也有用善、不善的。由此可见《春秋》用辞有繁简的问题，这是就“《春秋》之辞”而不是从“《春秋》之文”来说。

《春秋》"义"透过笔法而"寓诸文辞","义"隐藏在《春秋》之"文"、《春秋》之"辞"当中。我们所看到的"文"就是文字、符号,一本书如果一个字是一个符号的话,那《春秋》经就有一万六千四百四十六个符号,当然其中很多符号是重复的。那"辞"就是指句子、辞句、陈述、说辞。我们中文很妙,一个"辞"照理说是一个陈述(statement),用逻辑说叫作判断(judgment),即一个句子。而句子一定要有主词(subject)、述词(predicate)。洋人写的句子就都要有主词与述词之分,可是中文可没有,中文一个字就可以作句子。譬如《春秋》经里面讲:"某某某某,雨","雨"当动词用就是下雨,意即"某月某日这一天下雨",那这个就是句子的叙述。可是这个字也可以纯粹是个名词。所以《春秋》经里面简单到一个字,说它是字,即不是命题(proposition),不是句子。所以说一个字,广义的意思就是所有呈现的符号的意思,那"辞"就是这个符号里面一定有固定的组合,某一个字跟某一个字,或者像某一个字就直接可以当作一个句子。所以"文"不一定成"辞",但是"辞"一定是由"文"而成。"文"就是散散落落,没有组织,没有排列,像"秋,春、公、羊",就像那个散落的棋子一样,我们就不知道它在说什么,可是通过这个解读以后可就不同了。比如就像盘子里面有排成圆形的"死、读、书"三个字,把它解读就成"死读书、读死书,读书死",就有三种!再像《论语》里面,难免哪一章跟哪一章会重复出现,要怎么接,因为那些文字在不同的叙事脉络或场合里呈现的意义会有差异。就《论语》从第一章"学而时习之",到最后一章"不知礼无以立",为什么这样编排呢?仔细考虑考虑,一定有它的道理,一定有它要表达的深意。试问现今传本的《论语》是不是孔子编排的?当然不是,但一定是孔门后学编定而流传下来。在安排的时候,整个价值意识、义理结构、叙述结构已交融在《论语》的篇章顺序里。篇章的安排与义理的呈显都有密切的关系。所以说,这个文字该怎么排,都大有学问,我们在诠释经典的时候都要注意到,理解才算深入。

《春秋》之辞依《春秋》之文而显,《春秋》之文跟鲁《春秋》本身有同异,就书写方式而言,就是所谓的同文、异文,就经文本身而言,有所谓详文、略文、错文、重文、去文、阙文、微文、讳文等等行文的方式以呈现《春秋》义。重文就是文一再出现,表示必有值得赞美处;微文就是说得很隐晦,不好明讲,但又不能不讲；讳文就是为尊者、亲者、贤者的非礼行为的隐慝或改易其措辞，不忍道出，这些都是修辞的笔法。通过这些笔法，那辞义也会随着改变。又辞的书写也有繁减的不同，繁就是写得很详细，减就是写得简单，这个笔法反映着书写者的情感。会读《春秋》的人，就像董仲舒一样，能读出《春秋》里面有微辞、婉辞、温辞，体会出孔子作《春秋》，下判断时的各种情态。我们若能将心比心地来读《春秋》经，读出孔子当时是在笑或在哭的感觉，那就是孔子的千古知音。《史记》里曾讲过，孔子学鼓琴师襄子，不止在学习曲子，还学到曲数，既得曲数，还望得到曲志，一听到琴音便领会到曲子的意境，师襄子说你学得不错了，可是孔子还是不满意，直到最后听出这首曲子推定不是具有文王气象的人是做不出来的时候，师襄子说："的确，这乐曲就是《文王操》。"想想看，听到琴声就能知道作乐的人是什么人，多厉害啊！同样地，当我们读《春秋》经第一章"春，王正月"的时候，马上就读出孔子要表达什么意思，那一定是深通孔子心志的人。孔子作《春秋》，笔削鲁史，所书写的一定有许多微言大义在里面，有寄寓在文辞表面的，也有含藏文辞背后的。这个"义"从广义来讲就是道理，三传无非要传达这些道理，只是着眼点各自有所不同。

第四节 达例与特笔

讲到"书法"就涉及所谓"达例"跟"特笔"的问题。南宋吕大圭《春秋五论·论三》所讲《春秋》有"达例"与"特笔"之分，元代赵汸循之，在其《春秋集传》中说："策书之例十有五，而笔削之义有八。"[①]"策书之例"就是史例，史家正规书写的笔法。孔子认为史家的笔法合乎他自己要表达的，就照抄过来，这就是"因鲁史之例"，完全赞同史官修史之例，此外有不赞同的，就加以削、修，成为孔子的特笔。削就是删除，修就是修改。但是，孔子对待鲁史

① 赵汸，《春秋集传》，见重编本《通志堂经解》（台湾：汉京文化事业有限公司，1990年）第二十五册，页14387–14390。

不是只有照抄跟删除两种作法，应该还有一些是孔子主动加上去的部分。因此，要了解孔子，一定要细心领会孔子的特笔。

《公羊传》认为孔子作《春秋》，必定有书法，同时在口授《春秋》义的时候也一并传下。后世要解义，也得依照这些书写规则（例）来把握。西汉时协助公羊寿完成《公羊传》的胡毋子都就有《条例》问世，何休作《解诂》的时候曾参照过，觉得蛮确切的。

到了清代，公羊学大师刘逢禄撰写《春秋公羊经何氏释例》，打散《公羊传》及何休《解诂》，重新归纳，得二十六条例，其目如下：1. 张三世例；2. 通三统例；3. 内外例；4. 时月日例；5. 名例；6. 褒例；7. 讥例；8. 贬例；9. 诛绝例；10. 律意轻重例；11. 王鲁例；12. 建始例；13. 不书例；14. 讳例；15. 朝聘会盟例；16. 崩薨卒葬例；17. 公终始例；18. 娶归终始例；19. 致公例；20. 大夫卒例；21. 侵伐战围入灭取邑例；22. 地例；23. 郊禘例；24. 阙疑例；25. 主书例；26. 灾异例。[①]刘逢禄把同类的事情记录汇集在一起作为书例，详细看就发现他的归纳有依据，确实存在着这样的书写规则。

清代刘逢禄将公羊经全部打散再重新出来各种条例，并且归纳得很详细，为我们提供了很大的方便。每一个例归纳出来之后，提出小结，如同司马迁写《史记》，写完一个小单元，便来个“太史公曰”一样，提出自己的见解。这件工作，为我们理解《公羊》经传的例提供方便。比如讲到从“不书”到“书”，按道理一般“不书”的事件，可是确“书”了，那为什么书呢？道理何在？《春秋》经仅用一万六千四百四十六个字，记载了二百四十二年间的史事，要传达孔子晚年的经世思想。所以，广义来讲，《春秋》义就是孔子的晚年思想，包含伦理思想、政治思想、历史思想等各方面，但从三传立场却各有所主，先前已经说过，不再重述。

① 重编本《皇清经解》（台湾：汉京文化事业有限公司，1990 年）卷 1280-1289。

第五节 《春秋》书法正例

《春秋》经书写有正规的写法与不正规的写法，即正例和变例。一般的写法叫作正例，正是指常态，一般这样、就这样写。另外，在书写的时候，有时不按照常态的书写，那就叫作变例。正例是指基本体例，有常书与常不书，亦即一般情况下要写的与一般情况下不写的，这有个分判。我们看经中鲁隐公六年秋七月，传怎么讲?

经：秋七月。（隐公六年）

传：此无事，何以书?《春秋》虽无事，首时过则书。首时过则何以书?《春秋》编年，四时具然后为年。

“此无事，何以书？”没有事情，鲁史是不记录的，可是《公羊传》这里就讲这时没有事情，为什么要写“秋，七月”呢? 因为“《春秋》虽无事，首时过则书”。所谓“首时”什么意思? 七月是秋季（七、八、九三个月）的第一个月，是秋时之首，在七月前要写个“秋”字。“首时过则何以书？”因为《春秋》是一本编年体裁的书，“四时具然后为年”，意思是说一年有四季，三个月为一季，这个是固定的体例。《春秋》经的书写就套在四时的固定体例里。

另外，书写的时候，以鲁国为内，鲁国之外为外。所以，记录鲁国内部的事情就较详细，记录鲁国之外的就较简单。鲁国以外的国家，君臣有大恶行才写，小恶行就不写；鲁国之内有大恶行，讳而不写，小恶行不讳才写。《传》上说：

《春秋》录内而略外，于外大恶书，小恶不书，于内大恶讳，小恶书。（隐公十年）

“录内而略外”譬如像国君丢了一把剑这件小事，对鲁国国君要记录，对晋国国君就不用记录；因为这是件小事。“于外大恶书，小恶不书”，像鲁国之外的晋国，发生了臣弑君这种天理不容的大事，那一定记录，若果发生了臣子互殴的小事，那就不用记录。“于内大恶讳，小恶书”是说假如我们国内首长犯了大过，不好记录，就不记录了；犯了小过，可以记录就记录下来。为什么记录？作为警惕作用。所以，书写这事具有分寸，该不该书写，如何书写，跟书写场所之内外有关。内外之别是《春秋》思维很重要的一点，《易经》六十四卦各有六爻，分内卦、外卦。中国哲学思想强调内外，谈道理也分内外，有些事在我们奉元书院里面可以讲，出外不可以讲；在里面自己吵一吵、骂一骂都可以，但出外一团和气，一致对外，这是基本道理。《大戴礼记·本命》里面也讲：“门内之治，恩掩义；门外之治，义断恩”。是说在家庭里面不争道理，但论情感，家庭里面不是讲是非的地方，是讲情感的地方。这很重要，如果分不清楚，在家里面一定要讲平等，那完蛋了，一天到晚必闹哄哄。在家里面不谈谁对谁错，但在外面却要论个谁是谁非；可见讲是非也要分内外，在外可以讲，在内却不可以讲。

隐公在位十一年当中，书写的正例就是一定要写满“元年，春，王正月”，但实际上是除了在最初即位那一年外，后面均不书“正月”，这个很奇怪。照理说每一年应该都要定“正月”，可是为什么隐公在位十一年当中只有元年写“正月”，其他的都没有写呢？《传》里说：“隐何以无正月？隐将让位乎桓，故不有其正月也”。因为隐公要让位给桓公，所以“不有其正月”。有正月就是表示要即位，正即位，既然他的即位是暂代的，他没有即位之心；所以，孔子如其意而书，就不写“即位”，可见鲁史不是没有“即位”，而是孔子知其有让位之意，故除元年外都不写“正月”。这个就是用最少的文字，透过书法，表达丰富的义理。如果不用书法而阐述原由，那是写不完的。因此笔者在写有关孔子论文的时候，喜欢画表格，表格一画就清清楚楚。如果不借用表格，完全依赖话语，会显得费劲，最终还不一定交代清楚。

我们再举个例子：

经：元年春王。（定公元年）

传：定何以无正月？正月者，正即位也。定无正月者，即位后也。

凡书鲁公元年王正月者，依礼即位一定在正月，但没有写“正月，公即位”的，或以经书“戊辰公即位”是实在当年六月，而不在正月。但为什么不在正月呢？一定有原因，何休《解诂》上说：“昭公出奔，国当绝，定公不得继体奉正，故讳为微辞，使若即位在正月后，故不书正月”。照这么说，经除了记录事实外，还有为君者讳的微意在，否则岂不成一年有二君吗？

经：元年春王正月，公即位。（桓公元年）

传：继弑君，不言即位，此其即位何？如其意也。

依礼“继弑君，不言即位”。但是桓公找人把隐公给杀了，这里却写“即位”，是为什么呢？因为隐公说是要让位给桓公，说是要让，是不是真的让了？好像也没有，如果真让早就让了，否则不会导致桓公一天到晚夜长梦多，想着说要让，到底什么时候让？等不及了就把隐公给做掉了。想让却没让，问题就出现在这里。所以写“公即位”，这个就是“如其意，书即位”。“如其意”，表明桓公迫不及待要即位，遂杀隐公。孔子在写这个地方的时候，对隐公也含有微辞，一定不满意隐公迟迟没有让位。先前对隐公意让，故不书即位，今书桓公迫不及待弑君而书即位，其情态尽泄于此，可看出《春秋》笔法真了不得。

经：春，王二月己巳，日有食之。（隐公三年）

传：日食则曷为或日或不日？或言朔或不言朔？曰“某月某日朔，日有食之”者，食正朔也；其或日或不日，或失之前，或失之后。失之前者，朔在前也；失之后者，朔在后也。

这里书写“日有食之”。这个“食”通“蚀”，日蚀月蚀的“蚀”。写“日食”为什么有写日期？有不写日期？为什么有的言朔，有的不言朔？一个月有朔（初一）望（十五），那“某年某月某日朔，日有食之，食正朔。其或日或不日，或失之前，或失之后”。失之在前的朔在前，失之在后的朔在后。《春秋》经为什么这样写的道理，就是透过传给揭示出来。

经：冬，十有二月癸未，葬宋穆公。（隐公三年）

传：葬者曷为或日或不日？不及时而日，渴葬也；不及时而不日，慢葬也。过时而日，隐之也；过时而不日，谓之不能葬也。当时而不日，正也。当时而日，危不得葬也。

“冬，葬宋穆公。”出葬为什么有时候写日，有时候不写日呢？“不及时而日”，是“渴葬”，急着下葬；“不及时而不日”，是“慢葬”，草率下葬。过时而日，是“隐之”，痛心贤君不得以时下葬；“过时而不日”，表明是因懈怠而迁延葬期。“当时而不日”，是“正”，正常的；“当时而日”，表明国有危难，险些不能下葬。这些都表示笔法的用意。

经：六月壬戌，公败宋师于菅。辛未取郜，辛巳取防。（隐公十年）

传：取邑不日，此何以日？一月而再取也。何言乎一月而再取？甚之也。内大恶讳，此其言甚之何？《春秋》录内而略外，于外大恶书，小恶不书，于内大恶讳，小恶书。

这里《春秋》经文，“取邑”，即去攻打人家一个城，按原则“取邑不日”，这里为什么写日期？“一月而再取”，一个月内攻打人家两次。那为什么要说一个月攻打人家两次？因为要显示这个行为虽非大恶，但太过分就是了。那“内大恶讳，此其言甚之何？”“鲁公败宋师于菅”，是结日偏战，不算大恶，所以不讳，一再取邑就是小恶之过分者。传文写出其所以然来，点出《春秋》的笔法就是“录内而略外，于外大恶书，小恶不书；于内大恶讳，小恶书”。书法是我们懂《春秋》的前提，读的时候，一定要顺着这个指引来读，否则无法懂。

经：春，三月甲戌，取须朐。（文公七年）

传：取邑不日，此何以日？内辞也，使若他人然。

再看，“取须朐”，“取邑不日，此何以日？内辞也”。经文没有写出主词，到底谁去“取”？还会是谁？当然是鲁国，那是“内辞”，在此故意不写，就好像当作是别人干的一样。“使若他人然”，就是使用某种掩饰的笔法。我们懂这个笔法，就知道这是鲁国人干的；不懂这个笔法，那就不知道了。所以，我不相信洋人直接能读懂中国书，洋人要读懂中国书，就先要知道中国语文的背景。换句话说，现在中国人自己都读不懂自己的书，反而洋人懂，因为他们肯读肯学，特来拜师。以后中国人要懂，恐怕还得到外国去，有这么一天来到，那就太可怜啦！

第六节 何以书——《春秋》书法变例

《春秋》书法的变例，即常不书而书。为什么书？一般来说是不书写的，可是这个时候偏偏要书写，书写的目的是要表达某种意义。例如：

一、外逆女不书，此何以书？讥。何讥尔？讥始不亲迎也。始不亲迎昉于此乎？前此矣。前此则曷为始乎？此託始焉尔。曷为託始焉尔？《春秋》之始也。（隐公二年）

按常例“外逆女不书”，什么叫“逆女”？就是迎亲。外，不是鲁国了，跟鲁国没有什么关系，不须写。可是为什么偏偏在这里写呢？“讥”。为什么讥呢？因为“讥始不亲迎”。“始不亲迎，昉于此乎？”是说《春秋》记录这个不亲迎的事情，是不是真的从鲁隐公二年才开始？回答说不是的，早就有了。可是早就有了，为什么这里才写“讥始不亲迎”呢？因为受限于《春秋》二百四十二年间史实记录的缘故，将不亲迎事“託始”于此，并不表示鲁隐公二年之前从未发生过，表明《春秋》是一本托义的书。

二、外逆女不书，此何以书？过我也。（襄公十五年）

外国人娶亲事不书写，这里为什么要书写？是因为经过我国境的，所以，要记录。

三、外取邑不书，此何以书？疾始取邑也。（隐公四年）

外国取邑事不书写，这里为什么书写？“疾始取邑”是说痛恨取邑的事从此发生。“疾始取邑”，当然从这个“始”看起来可能是事实，也可能不是，若不是就当作是假托。《春秋》是借事明义的书，最好我们不要把它当作史书来了解，以史实来了解恐怕有差。

四、外取邑不书，此何以书？久也。（隐公六年）

外国取邑事本来不书写，这里为什么书写？这个取邑时间搞太久了，民不聊生。《春秋》重视人民的生命，没有国内外之分。

五、外取邑不书，此何以书？大之也。何大尔？自是始灭也。（庄公元年）

外国取邑事不书写，这里为什么书写？“大之也”，把此事扩大化。为什么呢？因为消灭人的国家，这是天大的事情，《春秋》借此表明灭人之国这种不义的事由此开始。

六、外取邑不书，此何以书？尽也。（庄公三十年）

外国取邑事不书写，这里为什么书写？“尽也”是说这行为做得太绝了，非常不义。

七、外取邑不书，此何以书？所以赂齐也。曷为赂齐？为弑子赤之赂也。（宣公元年）

外国取邑事不书写，这里为什么书写？因为贿赂齐国，把济西田让给齐国，《春秋》书“齐人取济西田”如同齐国自取。为什么鲁国要贿赂齐国？因为“为弑子赤之赂也”。何休《解诂》上说，子赤是齐君外孙，鲁宣公篡弑了子赤，怕被齐国所诛，于是贿赂齐国。《春秋》用讳文，既痛斥齐国取邑，又同时痛斥篡弑者宣公。

八、外取邑不书？此何以书？为公取之也。（昭公二十五年）

外国夺取都邑事不书写，这里为什么书写？因为齐国为了（昭）公而去夺取西运。

九、外取邑不书，此何以书？所以赂齐也。曷为赂齐？为以邾娄子益来也。（哀公八年）

别国取得都邑事不书写，这里为什么书写？是因为鲁国用这两个都邑贿赂齐国。为什么贿赂齐国？为了要把邾娄子益抓到鲁国，行文上用“来”讳“获”表明了这件事。

十、外相如不书，此何以书？离不言会。（桓公五年）

别的国家相互往来向来不书写，这里为什么书写？因为齐郑两国之会依《春秋》只能称“离”，不称“会”，称“会”要三个国家参与才算。其实经文是写“齐侯郑伯如纪”，纪是一小国，但纪国不参加，所以，齐晋之会于纪称“离”，不称“会”而改用“如”，借此表明书法。

十一、外相如不书，此何以书？过我也。（桓公五年）

别国诸侯相互往来一向不书写，这里为什么书写？因为州公去曹国经过了鲁国都不朝鲁，一方面示州公无礼，一方面表示此事涉及鲁国。

十二、外相如不书，此何以书？为叔孙豹率而与之俱也。叔孙豹则曷为率而与之俱？盖舅出也。（襄公五年）

别国相互往来一向不书写，这里为什么书写？因为是叔孙豹带着鄫国世子巫一起去晋国。叔孙豹为什么带着他一起去？因为襄公与巫是姨表关系，都是莒国的外孙，故称舅出。

十三、何以书？记灾也。外灾不书，此何以书？及我也。（庄公十一年、二十年）

为什么书写这件事？为灾害书写。外国的灾害依例不作书写，这次为什么书写？因为灾害波及我鲁国了。

十四、何以书？记灾也。外灾不书，此何以书？新周也。（宣公十六年）

这个“灾”是指“成周宣榭灾”。鲁国之外的灾难不书写，这里为什么书写？因以《春秋》当新王，而周始新为二王后的关系（例同为王者之后记灾）。

十五、何以书？记灾也。外灾不书，此何以书？为王者之后记灾也。（襄公九年）

为什么书写？为火灾书写。鲁国以外的重大火灾向来不作书写，这里为什么书写？是为王者之后的火灾书写。

十六、何以书？记异也。外异不书，此何以书？为天下记异也。（僖公十四年、成公五年、昭公十八年）

国外的异常事向来不书写，这事为什么书写？是为天下怪异事书写。

十七、何以书？记异也。外异不书，此何以书？为王者之后记异也。（僖公十六年、文公三年）

国外的异常事不书写，这事为什么书写？是作为王者之后的宋国书写异常的事。

十八、外平不书，此何以书？大其平乎己也。（宣公十五年）

别国之间的和解向来不书写，这次为什么书写？为了赞赏他们双方自己讲和，可见《春秋》崇尚和平。

十九、外夫人不书葬，此何以书？隐之也。（庄公四年、庄公三十年、襄公三十年）

鲁国以外的夫人死亡向来不书写安葬，这次为什么书写？不管是为纪伯姬、纪叔姬或宋伯姬，对鲁来说是含着隐痛来书写的，尤其宋伯姬因为守礼而死于火，《春秋》称其谥，特书“宋共姬”。

二十、常事不书，此何以书？讥。何讥尔？远也。（桓公四年）

例行的事不书写，这里为什么书写？为了讽刺。讽刺什么呢？打猎的地方太远了。打猎也是有一定礼节，特意跑到老远的地方去打猎就不合道理。

二十一、常事不书，此何以书？讥。何讥尔？讥亟也。（桓公八年）

例行的事不书写，这里为什么书写？为了讽刺。讽刺什么呢？为祭祀太频繁而讽刺。祭祀太频繁就容易轻慢，轻慢就不敬，君子的祭祀是恭敬而不轻慢。

二十二、常事不书，此何以书？讥。何讥尔？讥尝也。（桓公十四年）

例行的事不书写，这里为什么书写？为了讽刺。讽刺什么呢？为举行尝祭而讽刺。那时御廪发生了火灾，本当废掉一时祭，今却照常举行，实在不如不祭。

二十三、蝝生不书，此何以书？幸之也。幸之者何？犹曰受之云尔。受之云尔者何？上变古易常，应是而有天灾，其诸则宜于此焉变矣。（宣公十五年）

蝗虫出现向来不书写，这次为什么书写？这大概是上帝临幸鲁国。“上帝临幸鲁国”是什么意思？好比说“上帝授予鲁国而已”。“上帝授予鲁国而已”是什么意思？国君更改古制，变易常法，因初税亩而受到蝗灾，大概就应该在这时候改变回来啊。

二十四、纳币不书，此何以书？讥。何讥尔？亲纳币，非礼也。（庄公二十二年）

婚礼纳币事本不用书写，这次为什么书写？为了讽刺。有什么好讽刺的呢？因为国君亲自去纳币不合礼法。

二十五、纳币不书，此何以书？讥。何讥尔？讥丧娶也。（文公二年）

婚礼纳币事向来不书写，这次为什么书写？为了讽刺。有什么好讽刺的呢？为在服丧期间图婚娶亲而讽刺。

二十六、纳币不书，此何以书？录伯姬也。（成公八年）

婚礼纳币事本向来不书写，这次为什么书写？是宋伯姬疑礼而死于火的事，为称赞她的贤德，而特别书写。

二十七、修旧不书，此何以书？讥。何讥尔？凶年不修。（庄公二十有九年）

修缮旧建筑事向来不书写，这次为什么书写？为了讽刺。有什么好讽刺的呢？因为饥荒的年代不该搞修缮工程，消耗民力。

二十八、修旧不书，此何以书？讥。何讥尔？不务乎公室也。（定公二年）

修缮旧建筑事向来不书写，这次为什么书写？为了讽刺。有什么好讽刺的呢？为不尽心国君家族事务而讽刺。

二十九、媵不书，此何以书？为其有遂事书。大夫无遂事，此其言遂何？聘礼：大夫受命不受辞，出竟有可以安社稷、利国家者，则专之可也。（庄公十九年）

媵女陪嫁事向来不书写，这次为什么书写？为有专断处理其他的事情而书写。大夫只能奉命行事，不可专断独行，这次为什么可专断独行？行聘问之礼：大夫只接受使命，不接受随机应对的言辞。但是，大夫一出国境，碰到有可以安定社稷、有利国家的事，是可以当机立断即刻去处理。

三十、媵不书，此何以书？录伯姬也。（成公八、九、十年）

“媵不书，此何以书？录伯姬也。”伯姬这个女孩子真了不起，夜半发生火灾，叫她出来。她说不行，妇女不能单独夜出，要等傅母（就是保傅、保母）来，坚守礼节，因而被火烧死，是不知应变。可是她严守礼节，在那时大家都不守礼的氛围下，有人肯为礼牺牲，《春秋》为了伯姬而特别书写。

三十一、闰不书，此何以书？丧以闰数也。丧曷为以闰数？丧数略也。（哀公五年）

闰月一向不书写，这里为什么书写？守丧礼，以月计，闰月算在其中。丧事为什么把闰月算进去？居丧得以闰月数，其计算是约略的。

这里凡是以“〇〇不书，此何以书”的辞式书写的，各有不同之理由的，现都给罗列出来，共有三十一条。各条的书写以内外分别作为前提，然后分为二大类：

第一大类是对自然世界之灾异的记载，共有五条。首先发问“何以书”，然后又再发问“此何以书”，首先表示记灾或记异，这可以说是对大自然环境改变的关注（为天下记异）。但配合第二十三条，由此可知有古代天人感应的信仰在内，即所谓：“上变古易常，应是而有天灾”，之所以书的原因是为了警惕在位者对于灾异发生时应反思改过。古代通过这样的礼，让有人反躬自修的机会，可以检讨施政得好不好。存有这样的礼，当国君的也不会目中无人，适时反躬自问。另外，针对个别灾异事件，寓有“新周”“王者之后记灾或记异”义，那是公羊家所独有的阐发，所谓“新周、故宋、以《春秋》当新王”之“存三统”微言。

第二大类是对人类行事的批评，如：讥、疾、隐、幸、尽、久、大诸非礼事，其中有以鲁国为内，故录内小恶；而大恶就行隐讳，如讥尝，讥亲纳币，讥丧娶，讥凶年修，讥不务公室、过我、及我、为公取、为赂齐、为叔孙豹而与之俱，借录伯姬以示三国来媵之非礼及大夫有遂事等。

关于“离会”的书法：

经：夏，齐侯郑伯如纪。（桓公五年）

传：外相如不书，此何以书？离不言会。

何休注：“时纪不与会，故略言如也。《春秋》始录内小恶，书内离会，略外小恶，不书外离会。至所闻之世，著治升平，内诸夏而详录之，乃书外离会，嫌外离会常书，故变文见意，以别嫌明疑。”《春秋》“录内小恶，书内离会”。什么叫“离”，什么叫“会”？两国之间的会谈，一言不合，你走你的，我走我的，叫作“离”，而“会”是三个国家在一起会谈。所以就会谈而言，用“离”还是用“会”还是有分别。《春秋》修辞非常谨严，可见一斑。

关于诸夏与夷狄的书法：

经：冬，十有一月，叔孙侨如会晋士燮、齐高无咎、宋华元、卫孙林父、郑公子鳅、邾娄人会吴于钟离。（成公十五年）

传：曷为殊会吴？外吴也。曷为外也？《春秋》内其国而外诸夏，内诸夏而外夷狄。王者欲一乎天下，曷为以外内之辞言之？言自近者始也。

成公十五年，依《春秋》三世义，值“所闻之世”，表明升平如可治理，把诸夏当作内，其他地区为外，因此写“会吴”，把吴跟诸夏隔开。“内其国而外诸夏，内诸夏而外夷狄。王者欲一乎天下，曷为以外内之辞言之？言自近者始也。”就和《中庸》里面的“登高必自卑，行远必自迩”的道理完全一样。这里面表达一种书法，表明《春秋》义有层次性，借外内之辞，由近及远，以一乎天下，完全符合《大学》治国平天下的构想。传文“此何以书”，是解释孔子作《春秋》的目的。凡所书写的，均具有事、义、法三方面，涵盖了传统对《春秋》理解的各种角度，把《春秋》当作史书、刑书、褒贬书、拨乱书、经世书、王法书等等，只是《公羊春秋》特别关注在拨乱、经世、王法的统会处。

第七节　如何书——因文取义十一例

《春秋》经从笔削鲁《春秋》而来，然就《春秋》经本身来说，其修辞多端，用以表义。其书有表，不书亦有表。若论书，则如何书是历代以来《春秋》学者的关注焦点。如果我们不知道孔子如何书，自然就谈不上了解孔子所书的真正意图。

譬如，闵公元年冬，《公羊传》称“《春秋》为尊者讳，为亲者讳，为贤者讳”，由此知《春秋》经有“讳辞”；定公元年传称“定哀多微辞”，可知《春秋》经中有“微辞”。微辞是指话中有话。那这个“辞”是依照这个“文”来显的。所以《春秋》应有“讳文”“微文”，亦即后来所谓的“讳文见义”“微文见义”。

西晋杜预注解左氏《春秋》很有名，他的《春秋经传集解》的《序》文里有“错文见义”一词，到了清代陈立《义疏》中亦出现“托文见义”“因事见义”“互文见义”，民国张西堂《春秋六论·旨要论第一》称《春秋》辞例约有十端，乃至刘异《孟子春秋说微》约取义之例有十指。至此，《春秋》书法之归纳始渐完备。这些成果都非常好，值得我们参考。

《春秋》表义的规则，张西堂认为《春秋》之义见于“辞例”，他把这些“辞例”列作“十端”：1. 有省略而不书者；2. 有重复其辞文者；3. 有变文言其事者；4. 有特书其所为者；5. 有没事以托义者；6. 有举重以见义者；7. 有异其文实者；8. 有辨其等级者；9. 目凡之别；10. 日月之例。（《春秋六论》，页 3）书写日月之例为什么是一条？有的时候只写年，不写月日，有时候为什么省略？就像《易经》里面的“元亨利贞”一样，有的卦辞为什么只写“元亨”，没写“利贞”？或者只写“利贞”，没写“元亨”？为什么只有写“元”而没有其他？这个例子就跟《春秋》的五始一样，为什么有的全写，有的不全写？如果全部写，那就是《春秋》的正辞，应该值得注意。如果有脱落，那脱落一定有所以脱落的道理，这个道理读《春秋》的人一定要去探索。

刘异对《春秋》之文，正式标出其修辞之例有十：1. 同文见义；2. 异文见义；3. 详文见义；4. 略文见义；5. 讳文见义；6. 错文见义；7. 重文见义；8. 微文见义；9. 去文见义；10. 阙文见义。① 上面只标例了十目，但我觉得非常可惜，怎么会忽略了“托文见义”呢！根据我们读《公羊春秋》的经验，无论从传文的“託始”，何休《解诂》的“托”，陈立《义疏》的“托文见义”一辞，乃至皮锡瑞的《经学通论》一再告知《春秋》是借事明义，其修辞的最高原则可归诸“托文见义”一凡，如此，刘异所提的十目就该归到这个最高原则之下。但不可否认的，刘先生所标的这十目，将书法的表义方式提出当细目来，实有功于今后《春秋》学的研究。

下面就针对这些条例略作说明。

1. 同文见义。“同文”，就是照抄的。如晋国的史家写“赵盾弑其君夷嗥”，孔子作《春秋》宣公二年经也是写“赵盾弑其君夷嗥”，这就叫笔则笔，就《春秋》而言，叫同文见义。“同文”就是同鲁史原文，孔子以同文方式来表达《春秋》之义。

2. 异文见义。“异文”指更动了原目称谓的表达。依礼不同爵位有相对的不同称谓，如死亡这件事，《春秋》谓“天子曰崩，诸侯曰薨，大夫曰卒，士曰不禄”。（隐公三年三月传文）同年八月的时候，经文写“宋公和卒”，宋公和是以前殷朝帝王的后代，在周朝的时候就称宋国，宋国的国君就称宋公，王者之后称公，其名字叫和，死了却写“卒”。为什么不写“薨”，而写“卒”呢？《春秋》经用“卒”来代替“薨”，这是借宋公“卒”的文来贬外褒内。贬外褒内目的是干什么？贬外面降一级，就是抬高鲁国一级，以寓“王鲁”之义。但是这个“王

① 刘异，《孟子春秋说微》，武汉大学《文哲季刊》4 卷 3 期。

鲁”义，是透过异文见义的方式来表达。

3. 去文见义。如隐公元年有正月，是发正例的书写，其他都没有正月，为什么？因为表示隐公想让位，不欲即位，而去正月之文，是透过去文见义的方式来表达。

4. 阙文见义。为什么隐公二年冬《春秋》经文里面有“纪子伯”？传文说没听过，不可解，其实原文有阙漏。为什么桓公十四年夏，写“夏五”？其实是文末脱“月”字。为什么孔子照抄不补？是显示《春秋》的“吾犹见史之阙文也”。孔子明明知道它有脱落，在作《春秋》时照抄不改，明知鲁史有缺漏，就是不补，这有忠于史料的意义。《论语》里面有句话：“文胜质则史。”“质”就是事实，“文”就是文采，文采超过事实，像有写墓志铭，那个人事实上没有那么好，却说得那么好，等于造假，文过其实，不合孔子文质相称的主张。庄公二十四年冬，《春秋》书“赤归于曹郭公”，当读“赤归于曹。郭公”，则“郭公”下当有脱文，古代称文字有残脱叫作“郭公夏五”，就是出自这个典故。

5. 详文见义。指详细书写事情的经过，正规作战（偏战）一般必书写日期，但僖公二十二年经书写：“冬，十有一月，己巳朔，宋公及楚人战于泓，宋师败绩”。除“己巳”外，又加“朔”，比一般详细而不省略，即传文“辞繁而不杀”的意思，目的在表彰宋襄公循礼守正。

6. 略文见义。略去鲁史中固定重复的书写，所谓“常事不书”，或是在重复事件中，选择重大的事来写，而不一一详细书写。

7. 重文见义。庄公三十一年经三次书写“筑台”之事，表示讽刺；僖公二、三年之交七个月中，经三书“不雨”，警示异象，等等。

8. 错文见义。亦作“互文见义”，通过对经文的排比，让人知道书写在不同时段存在有不同书写，其间异辞，例如或书即位，或不书即位；或书葬，或不书葬，相互交错，均别有寄义。

9. 讳文见义。闵公元年传文：“《春秋》为尊者讳，为亲者讳，为贤者讳”。此书写方式属于“诡实以避”，“易名以讳”，或者可称为“曲笔”。如庄公三年经书“纪季以酅入于齐”，其实是纪侯所为，却改为纪季；庄公八年经书“师及齐师围成，成降于齐师”，这里将“盛”改为“成”，均属避讳以示义。

10. 微文见义。定公元年经书“春王”不书“正月”而于六月始书“即位”。

即位例在正月，今不在正月，《传》说："定公无正月，即位后也"。为什么呢？因为能不能即位不知道，关键操在季氏手里。又说："定哀多微辞，主人习句读而问其传，则不知己之有罪焉尔。"主人指当事者，或暗示定公有罪，或见季氏专擅。

11. 托文见义。隐公二年传文连发"託始"，《春秋》为表义的需要，託始某事书写在经中，不表示某事真正发生在那个时间点上。"托文见义"是《春秋》之"如何书"的总原则，所有书写的方式都是为了呈显《春秋》的微言大义。

第八节 为何如此书——借书法表意

前面说过"何以书"是指《春秋》为什么书写，书写的目的何在，而"为何如此书"是针对"如何书"下的"如此书"而言，故再追问其何以如此书？依照笔者的推索，"为何如此书"基本上有四种情况：

第一，为了存真。就是忠于史实的记载。它尽管书写简单，毕竟不能完全不顾事实，所以这里有史学的意义。

第二，为了尽义。为什么要这样书写？孔子心目中有他要表达的微言大义。这个"义"是孔子晚年心志所挂怀的理想，孔子对未来的理想，对当下的感觉与批判，不管是肯定的或否定的，都要充分地表达出来，所以他透过这种方式来书写。

第三，为了近避害，远济世。《传》文上说"定哀多微辞"，表明作《春秋》的时候，凡事涉当时君上或当权者，不免有所批判时，不好直接说，又不能不说，怎么办呢？所以就使用讳文见义、微文见义的方式来书写，一来避免为己找麻烦，二来还是为了济世。

第四，为了表明治世的法式。《春秋》这本书难读，何休《解诂》在解隐公元年冬传文"所见异辞，所闻异辞，所传闻异辞"时，特别提出"著治法式"的说法。一般读《春秋》就把握到史实、书法与褒贬三层，如果只到这里，那同《左传》所关注的差不多，仅止于对历史人物的成败品行做一种利害道德的评判，可是毓老师就曾告诉过我，“凡是讲褒贬就不是《公羊》”。笔者以前初读《春秋》，也认为它顶多是一本历史评价的书，褒你一字比什么都荣耀，贬你一个字比什么都耻辱，同孟子所说“乱臣贼子惧”一样，都还停留在毁誉层次。哪里知道毓老师说，褒贬只是做个样子，《公羊春秋》最终目的在“著治法式”。“著”就是彰显，彰显如何治理天下。“式”就是样子（model），就是为未来提供一个怎么样进行拨乱反正的步骤与蓝图，如同孙中山先生所讲的《建国方略》，由军政、训政到宪政三时期一样，看来孙中山的构想也是取法《公羊春秋》的三世致治义。

孔子作《春秋》，借事明义，是就取材内容说的；书法表意，是就修辞规则说的。其修辞规则均由义起，辞之书写必有规则，规则即例，后世分为常例、变例、无达例。以下将略为说明。

经：秋七月。（隐公六年）

传：此无事，何以书？《春秋》虽无事，首时过则书。首时过则何以书？《春秋》编年，四时具然后为年。

隐公六年经书写“秋七月”，这个月没有事，为什么要书写？《春秋》经的书写有基本体例，就是一定要写“春、夏、秋、冬”，一年有四时，每时三个月。正月到三月为春，四月到六月为夏，七月到九月为秋，十月到十二月为冬，有事在某月，就在某月下书写某事，而某月一下置于所属之时下。四时完备才为年，这是《春秋》固定的书写体例。那为什么未修《春秋》经里面有时候只有春、夏，没有秋、冬呢？是不是史之阙文呢？这个各有解释。

《春秋》的笔法里面说：

《春秋》录内而略外，于外大恶书，小恶不书，于内大恶讳，小恶书。（隐公十年）

这是《春秋》笔法，我们一定要记住，不然以后读《春秋》读不懂。那问题是，隐公十年的时候，按照三世义来讲是“所传闻之世”。按三世义，隐、桓、庄、闵、僖这五个国君是“所传闻之世”，文、宣、成、襄是“所闻世”，昭、定、哀是“所见世”。这是以孔子来看，孔子所见世就是昭、定、哀，再往前面就是所闻世，再往更前面就是所传闻之世。那么鲁《春秋》就是说从鲁所传闻之世的第一个国君就是鲁隐公，然后是桓、庄、闵、僖，文、宣、成、襄，昭、定，最后是鲁哀公，加起来一共十二个国君。《春秋》记载这十二个国君就模拟一年中的十二个月，这个断限的背后有一个法天道的结构，不是随便作的。为什么不往前提早一个？为什么要从鲁隐公开始到鲁哀公十四年结束？这有意以人道模拟天道。当然也有人说这种理解牵强附会，可是我们又怎么知道当初孔子没有这样想？公羊家认为《春秋》是一本法天道的书。后来的《吕氏春秋》也是这样，其中有十二纪，还是效法天道。法天道是中国学问的一个根本意识，这样的诠释有它的合理性。

再看经文。鲁隐公在位十一年，这十一年当中，一开始书写“元年，春，王正月”，其余都不写“正月”。这不觉得奇怪吗？难道元年有正月，其余真的都没有正月吗？难道都是《春秋》缺文吗？大概不至于如此吧？应是有意而为。那么究竟有什么用意呢？“隐何以无正月”？因为“隐将让位乎桓，故不有其正月也”。通常书写“元年春王正月”就表示有新君即位。可见不是鲁史没有书写“公即位”，而是孔子知道鲁隐公想让位，为贯彻成就隐公不即位的心意，其他各年都不书写正月。光这一条的书写，背后隐藏了这么多的含意，这就是书法。这个书法绝对不只是“元年，春，王正月”所呈现的表面意思而已，孔子为什么写“元”不写“一”？写完“元”后为何写“春”？“春”之后为何写“王”？为什么不写“王，元年，春，正月”呢？一定要写“元年，春，王正月”呢？依《春秋》“五始”还少一个“公即位”，这里不写“公即位”，因为鲁隐公想让位，这些道理统统在这个地方表现出来。按正常书写情况来讲，“元年，春，王正月，公即位”，这五项通通要具备，可是为什么偏偏在某些地方漏掉，这个就叫“以不书为书”。重点在不写，不在写，用不写的方式来表达想要表达的。可是正面书写有正面要表达的，正面书写的顺序都有书写的道理，为什么“元”之后是“春”，为什么这个“春”之后是“王”？因为“王”要顺应“春”，“春”要顺应“元”。我们毓老师说要“奉元”，“春”得奉“元”，“王”得奉“春”。换句话说，“王”根本上也要奉“元”，“正月”是奉“元”，“公”

即位也是奉“元”。

那隐公何以称“公”呢？《春秋》讲正名，正名很重要，如果一个诸侯他做事情不公，他怎么能算“公”呢？这个名称就告诉我们要秉持公正，为国君的人要秉持公正，这个道理在这里。所以，读《春秋》，我们不要以为讲到“公”就只想到《春秋》中的那个国君，不管哪一个国君，只要就这个位子，就应该要“公”，这就是孔子“必也正名乎”的本意。孔子借《春秋》里面讲“公即位”，这个“公”就是表示在坐在这个位置上的人应该要“公”，这等于告诉后人，名称“公”的，一定要公，不可徇私，一徇私就失去了“公”之所以为“公”的实。

关于《春秋》书法的阐释，清代《春秋》经学家庄存与总结得非常好，他说：

《春秋》之义，不可书则辟之，不忍书则隐之，不足书则去之，不胜书则省之。辞有据正，则不当书者皆书其可书，以见其所不可书；辞有诡正而书者，皆隐其所大不忍，出其所大不可，而后目其所常不忍、常不可也。辞若可去、可省而书者，常人之所轻，圣人之所重。《春秋》非记事之史，不书多于书，以所不书知所书，以所书知所不书。（《春秋要指》《皇清经解》卷 387，页 1）

庄存与在这里比较全面地总结《春秋》经各种笔法及其所蕴含之义，前面讲的“元年，春，王正月”就是个例子，寥寥几个字，如果我们不知其中蕴含着笔法，哪能知道里面有丰富的意义，这个书写技巧直是修辞的典范。再看，“《春秋》非记事之史，不书多于书。以所不书知所书，以所书知所不书”。这句话最重要，所以，不要以为《春秋》经才一万六千四百四十六个字，就只有这些，此外没有了。其实这仅是举例，不写的还比写的多得多。那不写的怎么知道？这就需要深究孔子晚年的思想了。

第四讲　三世义、外内义

可见《春秋》之义是有层次性，通过借外内之辞，以表明王者欲一乎天下，当由近及远。它运用三世书法，于所传闻世示内鲁而外诸夏；于所闻世，示内诸夏而外夷狄；至于所见世，示无外内、远近、大小之别，而一体对待，此正合《大学》治国平天下之道。

《春秋》作为孔子晚年出乎仁心所构划的经世蓝图，孔子借鲁国历史，从隐公元年到哀公十四年共十二公二百四十二年，其间分作所见世、所闻世、所传闻世三阶段，利用其中的行事来推演治国、平天下的方略与措施。现代的人如果能够好好领会孔子的心志，将“张三世”的思想重新落实在这个时代，重新做个表述，那你就成了现代的政治哲学家。例如美国政治哲学家罗尔斯（*John Boardley Rawls*，1921—2002 年）写了一本《正义论》（*A Theory of Justice*），对国家治理如何求得正义进行阐述，那罗尔斯的《正义论》其实就是等于另一本新《春秋》。只不过孔子自己讲过“我欲载之空言，不如见之于行事之深切著明也”，与其讲一套空理论，不如拿出具体的事例来论断更为确切，利用“张三世”来说明治国、平天下的纲领。《公羊春秋》书法中的三世义跟外内义，它的依据就是“所见异辞，所闻异辞，所传闻异辞”（隐公元年冬、桓公二年春、哀公十四年春）和“《春秋》内其国而外诸夏，内诸夏而外夷狄，王者欲一乎天下，曷为以外内之辞言之？言自近者始也”。从这里提出整个《春秋》经世蓝图。《公羊》学的术语就是“张三世”和“异外内”，以孔子所见之世为太平世，所闻之世为升平世，所传闻之世为据乱世，治理的顺序从所传闻世的如何据乱，乃至所闻世的升平，最后进入所见世的太平，由简单到详密，由有内外分别的对待处理，到不分内外的无差别对待。以内外来看，在第一阶段始分内外，第二阶段还分内外，到了第三阶段就不分内外了。

第一节　《春秋》要旨及“微言与大义”

我们要读《春秋》，首先要懂得《春秋》的核心要旨是什么。《公羊传》传文中说：《春秋》旨在“拨乱反正”。

经：春，西狩获麟。（哀公十四年）

传：何以书？记异也。……君子曷为为《春秋》？拨乱世，反诸正，莫近诸《春秋》。则未知其为是与？其诸（犹“抑”也）君子乐道尧舜之道与？末（发语助词）不亦乐乎尧舜之知君子也（耶）？制《春秋》之义，以俟后圣，以君子之为，亦有乐乎此也。

“哀公十四年春，西狩获麟”是《春秋》经最后一章，讲孔子为《春秋》，就是为了“拨乱世，反诸正”，最后又讲尧舜之道，“制《春秋》之义，以俟后圣”。这是从汉代人的角度，寄望汉代的圣人来实现。我们看孔子制《春秋》之义，等待后来的圣人。后来的人，如果修养到孔子一样的精神境界，能够知孔子之心，就会知道原来君子——孔子的所作所为就在“乐乎此也”，“此”是什么呢？指尧舜之道。尧舜之道又是什么呢？回到《论语》就明白了，是指法天之无私至公。“圣”的最高典范就是尧舜，政治的最高典范就是尧舜之治。尧舜之治就是公天下，不是家天下，或者叫作“官天下”。夏商周三代仅是家天下，不是公天下。尧舜官天下，如四时之代行，日月之代明，其治理天下，选贤举能。天下不是私产，不是家族公司，没有世袭的观念。《公羊春秋》“讥世卿”根本就在根绝政治垄断。

这个“反”通“返”，指回归、返正。因为春秋时代乱了，《春秋》针对这个乱要去治理。拨乱返正就是“正治”。政治的“政”，《论语》里面讲“政者，正也”，所以“政”这个字，左边是一个“正”，右边是一个“手”，就是要维护这个“正”，维护这个“正”就叫作“政”。政治的本质就是在维护天下的公平正义，不是维护天下公平正义的事不算政治。

今天我们如何来理解这蕴含拨乱反正的《春秋》义呢？《公羊春秋》相传有“微言大义”的说法。什么叫作“微言”？微言就是改制立法，以致太平，细目包括“张三世”“存三统”“异外内”“贬天子”等等。“存三统”有时叫作“通三统”，或叫“存三正”，另外一种说法叫做“新周故宋，以《春秋》当新王”，或叫做《春秋》“王鲁”。《春秋》“王鲁”就是指《春秋》经托鲁隐公为始受命王。

“异外内”不同的版本有时称“风外内”，这个“异”跟“风”略有分别，“风”就教化讲，“异”就区别对待讲，不管是“风”还是“异”，开始有内外的分别，最后就无内外的分别。还有“贬天子”一义。在《春秋》里“天子”是爵称，天子有过照样贬，不像后代何敢触犯最高统治者。司马迁在《史记·太史公自序》中写道“闻诸董生曰”一段就讲《春秋》“贬天子，退诸侯，讨大夫”。班固在《汉书·董仲舒传》里面写董仲舒的时候也讲到这一段，却有意把“天子退”三字略掉，结果变成“贬诸侯”，不敢讲“贬天子”了。相对之下，这就有“微言”在。班固时儒教已十分巩固，慑于君王权威，不敢再提了。这一定被删改过，会读书的人就会读出它其中的蹊跷。

由于“微言”不好讲，仅仅从表面文字还是不容易看出来，需要口授。如果能够追问《春秋》经中那各个条目为什么要这样写？为什么《春秋》经就只从鲁隐公元年写到鲁哀公十四年，将十二公分作三阶段？这背后就含有微言。“大义”是什么？就是可以公开地、义正辞严地讲。像“诛讨乱贼，以戒后世”一类对现实世界的批判话语。讲公正的批判，大家都可以接受，没有人敢反对。公平正义，可以公开讲的，你同意，我也同意，这就是“大义”。不好讲的，就是“微言”。换句话说，《春秋》义里含有公开讲和不公开讲的两部分。不公开讲的，就用口传；公开讲的，就明白书写。那什么时候可以写出来，什么时候不可以写出来呢？如同“戒严”的时候不好讲，“解严”了就可以光明正大地讲，显然，微言大义的区分跟发表当时的言论尺度有密切的关系。

大义的内容，最大的应是“一统”义，“一统”包含尊王、“王者无外”（桓公七年冬）、“王者无敌”（成公元年秋）、“王者无求”（桓公十五年春）；“退诸侯”（含不与诸侯专攻、专讨、不与致天子）；“讨大夫”（含大夫无遂事、大夫之义不得专、大夫不敌君）；不与夷狄之“主中国”“执中国”“获中国”；“大居正”（隐公三年冬）等。肯定面，像奖礼让、崇信义、推君臣之义（庄公三十二年）、宣亲亲之道、贤智勇（就是对智者跟勇者赞美，这个“贤”当动词）、守经达权、守什一之制（宣公十五年秋）等；否定面，像讥始不亲迎、讥世卿（隐公三年夏）、讥二名及贬绝诸项等等。当然还不止这些，如果把《公羊传》好好读一遍，就可以把它归纳出来，其实还有很多，以上只挑一些重要的提出来罢了。

第二节　三世义的理据与诠释

《公羊春秋》经世书法中有三世义和外内义。本出传文“所见异辞，所闻异辞，所传闻异辞”（隐公元年冬、桓公二年春、哀公十四年春）和“《春秋》内其国而外诸夏，内诸夏而外夷狄，王者欲一乎天下，曷为以外内之辞言之？言自近者始也”（成公十五年冬）。前者讲的就是三世义的纲目，后者讲的是外内义的纲目。这两则纲目，我们学公羊学的都要牢牢记住。《春秋》书法“录内而略外，于外大恶书，小恶不书，于内大恶讳，小恶书”（隐公十年），就是把褒贬是非之辞依不同时空还有不同的判断，用书法来呈显《春秋》经所表达的伦理判断与政治理想，用书法把不同层次的观念、思想连动地绾结在一起。《春秋》这本书，如果我们只注意到其伦理思想，那它就变成一本伦理哲学的书；如果我们也注意到它的着重点在政治，那它就是一部政治哲学的书。真正来说，伦理思想也都蕴含在内圣外王的政治哲学里面，内圣外王学说本身就和道德伦理连带着一起阐述，从来就没有分开过。

《公羊传》有三次提到“所见异辞，所闻异辞，所传闻异辞”，这就是三世义的理据。在所传闻之世的鲁隐公开始，传文就透过书法来解经。我们且看以下这一段：

经：公子益师卒。（隐公元年冬）

传：何以不日？远也。所见异辞，所闻异辞，所传闻异辞。

公子益师死了，为什么不书写死亡日期？因为那个时代隔得太久了，远在传闻之世。

经：三月公会齐侯陈侯郑伯于稷以成宋乱。（桓公二年）

传：内大恶讳，此其目言之何？远也。所见异辞，所闻异辞，所传闻异辞。

隐亦远矣，曷为为隐讳？隐贤而贱桓也。

经里面这一段，“以成宋乱”，本来涉及鲁公大恶的事是要讳而不书写，这里为什么书写？“目”就是明白见斥，直接把它说出来。因为这事发生的时代太久远了，与现实没有多少利害的关系，不再避讳了。《春秋》所记载的历史事件，从鲁隐公元年跨到书写的当时有二百四十二年，分三阶段来说，它远在所传闻世，跟现在没有多大关系，不必再为鲁君避讳，可以明白地写出来。“内大恶讳”，“公”指鲁公，在此指鲁桓公“会齐侯、陈侯、郑伯于稷，以成宋乱”。鲁桓公跟齐侯、陈侯、郑伯这三个国君共同去把人家一个宋国颠覆掉，“以成宋乱”，那还得了！就像美国，把很多国家给颠覆掉，你说这样可以吗？这个“公”是鲁国君，鲁国是内，内要大恶讳，鲁公做这么大恶的行为，依书法应该避讳，可是在这个地方为什么不避讳？因为时代太久远了，没有什么关系，可以写出来。传说“所见异辞，所闻异辞，所传闻异辞”表示随不同阶段有不同的书写。“曷为为隐讳”，同样属于所传闻世，对桓公不讳而对隐公却讳，有什么道理？为了贤隐公而贱桓公的关系。讳笔法的使用对大恶的行为有采取欲盖弥彰的方式，但也有因褒其贤而不忍有恶的意思。

经：冬，戎侵曹，曹羁出奔陈。（庄公二十四年）

传：曹羁者何？曹大夫也。曹无大夫，此何以书？贤也。

看“曹羁出奔陈”这段经文，传说“曹羁者何？曹大夫也”。按《春秋》“张三世”，将隐、桓、庄、闵、僖五公划归所传闻世，属据乱世，表明治国初期当如何。曹国在庄公时期属治国初期，这时期小国没有大夫编制，为什么这里书写“曹大夫”？因为曹羁是贤人，正好借书写“曹羁出奔陈”这个机会，视同曹国有大夫，给他作赞赏。可见《春秋》书法的功能有借褒贬人物来显示各阶段治理上的编制与治法。

现在来看所闻世时期的书法：

经：冬，十月子卒。（文公十八年）

传：子卒者孰谓？谓子赤也。何以不日？隐之也。何隐尔？弑也。弑则何以不日？不忍言也。

子卒，就是子赤卒，为什么不记日呢？“隐之也。”为什么隐之呢？“弑也。弑则何以不日？”弑，臣杀君谓之弑。这个子就是指鲁文公的嫡长子，文公葬毕，值守丧称子。文公十八年死了，作为储君的嫡长子子赤也被杀了。“何以不日？隐之也。”这里没有写日期，没有写十月某日。为什么不日呢？隐之。为什么隐之？因为他是被杀的，被臣子杀掉的《春秋》写作“弑”。“弑者何以不日？不忍言也。”那被杀为什么不记日期？因为悲悯他而不忍心说。这么多内容就是通过这个书法来表达的。

经：夏，邾娄鼻我来奔。（襄公二十三年）

传：邾娄鼻我者何？邾娄（之）大夫也。邾娄无大夫，此何以书？以近书也。

邾娄小国，没有大夫，为什么这里以大夫书例而书写其名？“以近书也。”因为邾娄来投奔鲁国，值以诸夏为内的第二阶段，无分邾娄与鲁，均以有大夫书写。这时华夏诸国不分大小，治小如大。换句话说，在第二阶段，以华夏诸国为内，以夷狄为外，华夏诸国有大恶讳而不书，小恶才书，如同鲁国内部大恶不书写，是不忍言，因家丑不外扬，但小恶就书写了，“过则勿惮改”。《论语》里面也讲，人要做到无过是很难的，小过绵绵不断，尚不打紧，只要知过能改就行。这个书法里面表示了某些处理事务的方法。

再来看于所见世见其书法：

经：冬，邾娄快来奔。（昭公二十七年）

传：邾娄快者何？邾娄之大夫也。邾娄无大夫，此何以书？以近书也。

本条同上一条表达了同样笔法，值所见世，其治无别于所闻世，同样是以近书。

经：元年，春王。（定公元年）

传：定何以无正月？正月者，正即位也。定无正月者，即位后也。即位何以后？昭公在外也，得入不得入未可知也。曷为未可知？在季氏也。定哀多微辞，主人习其读而问其传，则未知己之有罪焉尔。

定公元年，“元年，春王”。定公何以没有正月？“正月者，正即位也。定无正月者，即位后也。”正月是正规的即位时间。定公没有正月的原因，是他即位在正月之后。即位为什么在正月之后？因为“昭公在外”。昭公得入不得入还不可知道。“曷为未可知？”因为“在季氏也”。鲁国季氏三家掌控权力，把昭公赶跑了，国君在外流浪了。“定哀多微辞”，一讲到定哀，我们就要知道已经到所见世。所见世的时候，“定哀多微辞”。“微辞”指《春秋》下的判断不明显，像“元年，春王”的书写就是微辞，孔子没有完全把所要讲的道理明白讲出来，只是通过微辞，所以才会“主人习其读而问其传，则为知己之有罪焉尔”。这个等于间接指责鲁定公的不是，但即使鲁定公本人看到了这样的书写也不会察觉有何不妥。事实上，《春秋》书这样来书写，是在指责鲁定公与季氏。为什么呢？因为君不君，臣不臣。看起来“元年春王”的书写表面上没有写些什么，但没有写些什么却是含藏了许多讯息。《春秋》书法之所以妙，就妙在这里。

经：春，西狩获麟。（哀公十四年）

传：何以书？记异也。……西狩获麟，孔子曰：吾道穷矣。《春秋》何以始乎隐？祖之所逮闻也。所见异辞，所闻异辞，所传闻异辞。何以终乎哀十四年？曰：备矣。君子曷为为《春秋》？拨乱世，反诸正，莫近诸《春秋》。

我们再看“西狩获麟”这一章。为什么书写？为了捕捉到不常见的麒麟而书写。《春秋》何以始乎隐公呢？因为此书以高祖、曾祖所亲见的时代书写为开始。为什么终乎哀公十四年？因为以自己与父亲亲见的时代结束，这样就足够了。孔子经纶天下的各种方案，想要表达的治道与治法都已经借着这二百四十二年间的事表达完毕，不用再说了。“君子曷为为《春秋》”这一段前面已经讲过，不再多说，总归一句就是为了“拨乱返正”。

第三节　董仲舒的三世义诠释

西汉的《公羊》大家董仲舒对《春秋》三世义做怎样的诠释呢？先来看《春秋繁露·楚庄王第一》一段：

《春秋》分十二世以为三等，有见、有闻、有传闻；有见三世，有闻四世，有传闻五世；故哀定昭，君子所见也；襄成文宣，君子之所闻也；僖闵庄桓隐，君子之所传闻也。所见六十一年，所闻八十五年，所传闻九十六年。于所见，微其辞；于所闻，痛其祸；于（所）传闻，杀其恩；与情俱也。是故逐季氏，而言又雩，微其辞也。子赤杀，弗忍书日，痛其祸也。子般杀，而书乙未，杀其恩也。屈伸之志，详略之文皆应之。

《春秋》有三等，所见世、所闻世、所传闻世。有见三世，有闻四世，有传闻五世。对于《春秋》三等的排列，董仲舒在《春秋繁露》中是采逆数。与一般顺数昭、定、哀为所见世不同，他以孔子所见世来逆数，由近及远，于是接着是所闻世，有襄公、成公、文公、宣公四世；再往上是所传闻世，有僖公、闵公、庄公、桓公、隐公五世。何休排列是按隐、桓、庄、闵、僖，文、宣、成、襄，昭、定、哀十二公的即位顺序，将它分三世，随传文从所见、所闻世到所传闻世，董何均守传文的顺序。但在数公序的地方，两位公羊大师的诠释着眼点有别，前者着眼于空间性，由近及远；后者着眼于时间性，从先至后。

“于所见，微其辞”，因为孔子作《春秋》时，与当时所见的君王、权势者有利害关系，不便直说，所以用“微辞”的方式来书写。例如，昭公二十五年经书“秋，七月上辛大雩，季辛又雩”，传上说“又雩者何？又雩者，非雩也。聚众以逐季氏也”。所以经书写“又雩”真正的意思，是借雩聚众以驱逐季氏的不直说的修辞。“于所闻，痛其祸”，对所闻世所发生的祸事深感痛心就直说了；

“于所传闻，杀其恩”，“杀”是减降的意思，对所传闻世所发生的祸事虽不再怀着厚恩而详书，如子般被杀，恩减降而书乙未，其辞是紧跟着情而共在的；换句话说，《春秋》的书写与作者情感的投入相互映现。《春秋》之道主仁，唯仁者能好人、能恶人。仁表现出来就是情，情即好好恶恶。“是故逐季氏，而言又雩”。逐季氏的时候“言又雩”那为什么？就是“微其辞”。董仲舒解读《春秋》，将书法背后的旨意说出来。“子赤杀，不忍书日”是“痛其祸”；“子般杀，而书乙未”是“杀其恩”。“屈伸之志，详略之文皆应之。”《春秋》书写的文字有详有略，反映出孔子对以上三阶段的历史事件的屈伸之心意。孔子的心意就是《春秋》义的源头，有《春秋》之志，才有《春秋》之义；有《春秋》之义，才有《春秋》之书法，后人寻书法以体察《春秋》之义，更当体会孔子的心意。《史记·太史公自序》记载董仲舒告诉他说：

周道衰废，孔子为鲁司寇，诸侯害之，大夫壅之。孔子知言之不用，道之不行也，是非二百四十二年之中，以为天下仪表，贬天子，退诸侯，讨大夫，以达王事而已矣。

这一段记录是司马迁从董仲舒那里所传授下来的，其中董仲舒就说到孔子著《春秋》所表达的一项大义，也是我们已经很熟悉的，即“贬天子，退诸侯，讨大夫”。但是到了《汉书》里面就说说成了“贬诸侯，讨大夫”，不敢讲“贬天子”了。这也是“微言”，班固考虑到汉代君王的面子，所以就故意这样删掉。《史记·孔子世家》提到：

乃因史记，作《春秋》，上至隐公，下讫哀公十四年，十二公；据鲁，亲周，故殷，运之三代。约其文辞，而旨博。故吴、楚之君自称“王”，而《春秋》贬之，曰“子”。践土之会，实召周天子，而《春秋》讳之，曰：“天王狩于河阳。”推此类以绳当世，贬损之义，后有王者，举而开之；《春秋》之义行，则天下乱臣贼子惧焉。

司马迁在这里提到“据鲁，亲周，故宋”，即《公羊春秋》的“张三世”，隶属微言。但这里写成“运之三代”。那“运之三代”指什么？日本《史记》学名家泷川资言都把“三代”解作“夏、商、周”，可完全搞错了。因为《史记》这本书经唐朝重刻，避李世民的名讳，将“世”改成“代”字，原本作“运之三世”，即述《公羊春秋》的“张三世”，这样的理解就完全合拍了。后人不知《史记》唐时被改动过，中外名家都没领会太史公在这儿正是在述《春秋》的“张三世”，浑注一通，愈讲愈讲不清楚。没想到笔者在此给解读出来，真是天惠我也！

《春秋》文辞极简约，含意却广博，所以吴、楚之君自称王，《春秋》却贬之曰“子”，践土之会，实召周天子，《春秋》却讳书“天王狩于河阳”等等。虽只书写一个字，却足以“绳”当世。这个“绳”当动词，“绳”就是抽鞭子，就是对当世的不公、不义、不正加以批判。这些贬损的道理，若后代有王者将它推展开来，那么《春秋》义大行了，天下的乱臣贼子自然无不畏惧。

第四节　何休的三世义诠释

东汉《公羊》大家何休对《春秋》三世义是如何诠释？在《春秋公羊传解诂·隐公元年冬》末，首先区分三世的断限：

所见者，谓昭、定、哀，己与父时事也。所闻者，谓文、宣、成、襄，王父时事也。所传闻者，谓隐、桓、庄、闵、僖，高祖曾祖时事也。

这里何休是按照《春秋》经记录的十二公即位的先后顺序排列，安排到由近及远的三时段中，以昭、定、哀，是所见世；以文、宣、成、襄，是所闻世；以隐、桓、庄、闵、僖，是所传闻世，没有像董仲舒那样彻底一贯传文由近及远的表述。

但对三世书法有以下更细部的说法：

异辞者，见恩有厚薄，义有浅深。时恩衰义缺，将以理人伦，序人类，因制治乱之法。故于所见之世，恩已与父之臣尤深，大夫卒，有罪无罪皆日录之，丙申季孙隐如卒是也。于所闻之世，王父之臣恩少杀，大夫卒，无罪者日录，有罪者不日，略之，叔孙得臣卒是也。于所传闻之世，高祖、曾祖之臣，恩浅，大夫卒有罪无罪皆不日，略之也，公子益师、无骇卒是也。

何休《解诂》这一段很重要，说得也很详细。“异辞”，为什么《春秋》的修辞有不同呢？在不同的时段中叙述也不同。“恩有厚薄，义有浅深”，离孔子作《春秋》世次愈远的恩情愈薄，愈近的恩情愈厚，故所书之辞有相对详略、显隐的不同。如大夫死了，在所见世、所闻世和所传闻世各怎么书写都有规定的。三世书法关联着治法，有详细的说明：

于所传闻之世，见治起于衰乱之中，用心尚麤觕，故内其国而外诸夏，先详内而后治外，录大略小，内小恶书，外小恶不书，大国有大夫，小国略称人，内离会书，外离会不书是也。于所闻之世，见治升平，内诸夏而外夷狄，书外离会，小国有大夫；宣十一年秋，晋侯会狄于攒函。襄二十三年，邾娄鼻我来奔是也。至所见之世，着治太平，夷狄进至于爵，天下远近小大若一，用心尤深而详，故崇仁义，讥二名，晋魏曼多、仲孙何忌是也。

何休这一段话，从“治”的角度出发，在“所传闻世”时段，见衰乱事始生，把握纲领对治，不求细节，优先处理本国的事，其次才是诸夏的事；在记录上，书写大事，省略小事，本国小恶书写，外国小恶不书写；在组织建置中，大国有称“大夫”的，小国只配许称“人”；在外交场合，凡本国有参加的会议，不管是一个或多个都一律书写，其他与本国无关的就不书写。在“所闻世”时段，借乱事弥出，提出周详办法来治理，以达升平阶段；扩大治理范围，以诸夏为内，夷狄为外，跟与夷狄有关的会议均加书写，寄予关注；在组织建置中，小国有了大夫的称谓。如书写“晋侯会狄于攒函”，晋乃诸夏一员，今纳为内，与夷狄会必书。“邾娄鼻我来奔”，此时小国，视同大国有大夫之列，故书其字“鼻我”。在“所见世”彰明太平时段的治法，这时夷狄进至子爵，用心对待，不分天下远近大小诸国，视同一体；所以在褒的方面，推崇仁义的行为，在讥讽的方面，把二名（不合礼的命名）“晋魏曼多”“仲孙何忌”改成一名（合礼的命名）“晋魏多”“仲孙忌”一样，详密且深入。附带说明一下，所谓的“麤觕”即现今“粗糙”，“离会”即两国或两国以上国际会议的称呼，为什么这样称呼？是说两国开会谈不协议就破局，各走各的，称为“离”；三国以上开会，有争论从多数决，叫作“会”。《春秋》经的书写开始分别内外，后来不分，跟提示治理时段的推进有关系，由粗而精，由疏而详，由大而小，即《大学》所谓的“知所先后，则近道也”的意思。

至于《春秋》书法将十二公区分为三时段（三世），呈现治理天下的先后、重轻、大小的措施有什么根据呢？他说：

所以三世者，礼：为父母三年，为祖父母期，为曾祖父母衰三月；立爱自亲始，故《春秋》据哀录隐，上治祖祢；所以二百四十二年者，取法十二公，天数备足，著治法式。

何休的解释是说，礼：为父母守丧三年，为祖父母守丧一年，“期”就是一年，为曾祖父母守丧三个月，这个从丧礼的亲亲之杀来讲的。“《春秋》据哀录隐，上治祖祢，所以二百四十二年者，取法十二公，天数备足，著治法式”，因为一年为十二个月，这个是天数，何休认为《春秋》经记录十二公是为了呼应天数，有以天道为人道的意思。“著治法式”，很多人读《解诂》，往往忽略了这四个字，实在可惜。有一天笔者读到这里的时候，眼睛突然一亮，这岂不是何休诠释《春秋》义的焦点吗？孔子作《春秋》的目的在拨乱反正，但如何借事明义？是运用书法的褒贬来表现经世的治道与治法。

第五节　三世义的権解

《春秋》分十二世以为三等——有见、有闻、有传闻，简称“三世”。依《公羊传》所谓“所见异辞，所闻异辞，所传闻异辞”，仅指出《春秋》经文的修辞是随不同时段而改变，是本有的书法义，但随着《春秋》一书究竟作为政书或史书就有了不同的诠释。所以，三世说有两种，一种将三世解作经世致治步骤，是为致治诠释；另一种将三世解作历史世运轨迹，是为史观诠释。据笔者所知，将三世解作经世致治的步骤的代表人物，汉有董仲舒、何休，清有庄存与、刘逢禄、皮锡瑞、康有为，到民国有熊十力等，我们在前面都提到过。至于将三世解作历史世运轨迹的代表人物，晚清有龚自珍、梁启超，民国开国以来有小岛祐马、陈柱、冯友兰、吴泽、陈其泰、黄朴民、黄开国等。龚自珍就是采取三世进化的史观义来排斥宋明僻士言夷夏之防，援经议政，首唱变法，为康有为作先导。梁启超拜康有为为师，更援引达尔文等进化论来附和公羊三世义，将它释为历史进化论。日本学者小岛祐马在 1923 年也把公羊三世义解作“文化阶段说”[①]。陈柱在 1928 年写《公羊家哲学》时亦以“进化说”说三世义。中国哲学史名家冯友兰在 1935 年出版的《中国哲学史补》中也将它解作“一种进化的历史哲学”。后来的学者，吴泽解作“历史进化观点”[②]。浦卫忠的博士论文《春秋三传综合研究》（1994 年），亦作“三世递进的历史进化论”。陈其泰在 1997 年的《清代公羊家学》中亦作“进化史观”解。黄朴民在 1998 年著《何休评传》称作“一系统化的历史哲学理论”。黄开国最近新写了一本叫作《公羊学发展史》（2013 年）的著作，还是将三世义解作“渐进社会历史观”。

依前面所说，大部分学者对三世义的理解均采取史观诠释，那是不自觉地追随《左传》的史学立场所导致；如果洞悉《春秋》有事、文、义的差别，从《公羊》经义的立场出发才能贴近孔子晚年经世的心志。董仲舒、何休的《春秋》学基本上是朝向经世的致治诠释，是往“外王”展开的学问，而自克“内圣”的学问。《春秋》学本是先正己而后正人，是自修之后，往齐家、治国、平天下的学问。要平天下，就是讲公天下，公天下以公平为先，所要谋求的就是孔子志之所在——“老者安之，朋友信之，少者怀之”的大同社会。《论语》里面讲“乐治”，礼治只是达到乐治之前的一个阶段，终点是“礼之用，和为贵”。

---

① 小岛祐马：《公羊家の文化阶段说》，《哲学研究》第 83 号，1923 年。

② 吴泽：《康有为公羊三世说的历史进化观研究》，《中华文史论丛》第一辑，1962 年 8 月。

熊十力先生在《原儒》[1]讲得很好：

三世义旨，本自明明白白，而奴儒皆茫然不省，乃以为孔子是注意于世运的推迁，直须待时而动。倘如此说，则据乱之世，只有任其衰乱，无可图革命之业。然何休所述，治起于衰乱之中一语，自是圣人口义流传，固明明与待时之意相反矣。

所以，根据《公羊春秋》学董何一脉诠释，采取致治义才是正解，史观义是望文生义。为什么呢？本来中国哲学在《易经》传统观念主导下，只讲变化不讲进化，进化是晚近外来的观念。从西风东渐以来，讲中国的学问很少不是套在西方思维的框架来看待，只要合乎西方的论调便是进步。百年前，西方流行进化论，国人务求变法自强，基于自尊心的要求，也要从自根文化的诸子百家中找个进化观念，结果找了半天找不到，偶尔看到《公羊春秋》，好像有那么一点味道，于是就把公羊三世义解成历史进化论，其实是莫大的误解。由于不懂孔子，才会这样。孔子的《春秋》是要作历史现象的解释吗？不是的。孔子是要改变历史的人，改变现实的动乱，寄望太平世来临才是孔子真正思维的核心。远离这个，统统都只有看到表面，没看到底层。所以，在这里不免批评了当代各种误说。

三世义实在是发端于《公羊传》三世异辞之中，公羊家解《春秋》本来就有以《春秋》当新王的说法，那新王如何经世？其治世大纲如何？其要义就在三世致治义中。所以，皮锡瑞就讲过："非灼知《春秋》是孔子作，必不信张三世之义，而《春秋》书法详略远近皆不得其解矣。"[2]如果不懂得这个讲法，那《论语》里面"齐一变，至于鲁；鲁一变，至于道"这一章，一定会被史观诠释所迷惑，而得不到恰当的理解。

---

① 熊十力，《原儒》(台北：明伦出版社，1971 年)，页 141。

② 皮锡瑞，《经学通论·春秋》(台北：河洛出版社，1974 年)，卷四，页八。

第六节　外内义的理据与诠释

《公羊春秋》经世书法中除了有三世义之外，还有外内义。“《春秋》内其国而外诸夏，内诸夏而外夷狄，王者欲一乎天下，曷为以外内之辞言之？言自近者始也。”（成公十五年冬）讲的就是以“登高必自卑，行远必自迩”为分外内的道理。

经：冬，十有一月，叔孙侨如会晋士燮、齐高无咎、宋华元、卫孙林父、郑公子鳅、邾娄人会吴于钟离。（成公十五年）

传：曷为殊会吴？外吴也。曷为外也？《春秋》内其国而外诸夏，内诸夏而外夷狄。王者欲一乎天下，曷为以外内之辞言之？言自近者始也。

“内其国而外诸夏，内诸夏而外夷狄。王者欲一乎天下”，“一乎天下”就是一统天下。一统天下必得由近及远。鲁国不能治，怎么能治诸夏？诸夏治不了，如何治夷狄？夷狄治不了，怎能平天下？所以，在这一章里很重要一点，就是“内其国而外诸夏，内诸夏而外夷狄”。“曷为以外内之辞言之？”为什么先说外、再说内？我以前看到都是“内外之辞”，现仔细再一看，才发现不对，应该是“外内之辞”，之间意义有没有差别？我想多少应该有。先言外，后言内，表明先轻后重，近者为始为重，“自近者始也”。

《公羊春秋》所传讲的“异外内”（别内外）“风外内”，前者就治法说，后者就教化说。而《春秋》外内义表明治法与教化的内容也是随三世进阶的要求来调整的。

于所传闻世：

经：无骇帅师入极。（隐公二年）

传：无骇者何？展无骇也。何以不氏？贬。曷为贬？疾始灭也。始灭昉于此乎？前此矣。前此则曷为始乎此？託始焉尔。曷为託始焉尔？《春秋》之始也。此灭也，其言入何？内大恶，讳也。

这一章里就讲到“疾始灭”。这个“始灭”是《春秋》之始，而不是历史事实发生之始，它是假托的。“内大恶，讳也”，这里“无骇率师入极”，用“入”，为什么？就是“内大恶，讳”。这个无骇是鲁国大夫，鲁公派他灭掉别人的国家，把“极”这个小国灭掉，这个是大恶，不好讲，所以讳，但最后还是用曲折的方式把它给记录下来，怎么记？把“灭”改作“入”。鲁史这里本应该是写“灭”，可是孔子对此“灭”字说不出口，改作“入”，这就是《春秋》的笔法。为什么这样书写，一定有他想要表达的义理。

经：夏，齐侯郑伯如纪。（桓公五年）

传：外相如不书，此何以书？离不言会。

鲁桓公五年，齐侯、郑伯“如纪”，是“外相如”，齐国和郑国跟我们鲁国不相干，《春秋》以鲁国为内，桓公是第二世国君，正好在所传闻之世，那么按例（“外相如不书”）是不书的。“相如”就是做外交关系，别的国家在做外交关系，与鲁国何干？“此何以书？离不言会”就是说纪国并不想和他们会晤，而这两位找上门来了，不得不会。何休注：“时纪不与会，故略言如也。”何休认为“纪”这个小国家“不与会”。齐侯、郑伯跑到纪国那个地方去，所以略言“如”。这样的书写有何通例？何休提出“《春秋》始录内小恶，书外离会，略外小恶，不书外离会。至所闻之世，著治太平，内诸夏而详录之，乃书外离会，嫌外离会常书，故变文见意，以别嫌明疑”来说明。

于所闻之世：

经：夏，五月，宋人及楚人平。（宣公十五年）

传：外平不书，此何以书？大其平乎己也。何大其平乎己也？……故君子大其平乎己也。此皆大夫也，其称人何？贬。曷为贬？平者在下也。

“外平不书，此何以书？大其平乎己也。”别国之间的讲和一向不作记载，这一次为什么记载？因为赞赏他们彼此讲和了。

经：冬，十有一月，叔孙侨如会晋士燮、齐高无咎、宋华元、卫孙林父、郑公子鳅、邾娄人会吴于钟离。（成公十五年）

传：曷为殊会吴？外吴也。曷为外也？《春秋》内其国而外诸夏，内诸夏而外夷狄。王者欲一乎天下，曷为以外内之辞言之？言自近者始也。

“外吴”，是把吴国排在外，为什么要排在外？因为吴是夷狄，《春秋》在所闻世讲“内诸夏而外夷狄”。为什么要以外内不同之辞来记录，意思是王者想要一统天下必要从近处做起。

于所见世：

《公羊传》到了所见之世，借夷狄进至于爵，及讥二名之义例著治太平。现在看经传以下所引：

经：戊辰，吴败顿、胡、沈、蔡、陈、许之师于鸡父。胡子髡、沈子楹灭，获陈夏啮。（昭公二十三年秋）

传：此偏战也，曷为以诈战之辞言之？不与夷狄之主中国也。然则曷为不使中国主之？中国亦新夷狄也。其言灭获何？别君臣也，君死于位曰灭，生得曰获，大夫生死皆曰获。不与夷狄之主中国，则其言获陈夏啮何？吴少进也。

《春秋》经文这样写，表明是偏战，就是择日、择地、公开作战之辞；那为什么不书写“战”而以“败”？因为楚国还没有摆好阵势，吴国就把楚国的联军打败了，这样是从诈战之辞言“败”。但是《春秋》是“不与夷狄之主中国”，也就是在书写上，不许夷狄作为主词，但今作为夷狄的吴却书写在华夏（中国）的蔡、陈、许国之前。为什么呢？因为中国也是夷狄，“中国亦新夷狄也”。中国是礼义之邦，为什么这个时候沦为夷狄？《春秋》显然是以文化、礼义为标准来说的，夷狄不夷狄跟他的作为有关系，而不是跟他的种族有关系。所以《春秋》讲的是文化主义，不是种族主义，不是狭义的种族主义。这里用“灭”写胡子髡、沈子楹，用“获”写陈夏啮，是为了区别君臣的不同的用词，君死于位上称“灭”，被活捉称“获”，大夫不管生或死均称“获”。但此经文却书写吴“获陈夏啮”，本是不许可的，今却以吴为主词，明白地肯定夷狄的吴国已稍有文化，所以到了所见世，是要打破外内之别。

经：季孙斯、仲孙忌帅师围运。（定公六年冬）

传：此仲孙何忌，曷为谓之仲孙忌？讥二名。二名，非礼也。

这是仲孙何忌，为什么称他为仲孙忌？因为“何忌”是以二字为名，在太平世以一字命名为合礼，故改“忌”示讥“二名”。定公时期，按三世义所见世是要进入太平，整个社会已全面条理就序，已无可挑剔处，仅剩下像二名之类的小事提出来讥讽，这表示太平世治理之详密。

经：冬，十有一月庚午，蔡侯以吴子及楚人战于伯莒，楚师败绩。（定公四年）

传：吴何以称子？夷狄也，而忧中国。

“吴何以称子？夷狄也，而忧中国。”这个“中国”不要把它看作是华夏这个种族，这个中国就而是指有礼义之邦。孔子赞许吴君担心中国为楚所侵，与蔡侯一同抗楚。因为这样，就进称他“子”爵来对待，视同他登进礼义之境。

经：庚辰，吴入楚。（定公四年冬）

传：吴何以不称子？反夷狄也。其反夷狄奈何？君舍于君室，大夫舍于大夫室。盖妻楚王之母也。

依前一条，定公四年的时候称吴为“吴子”，在这里是同一年的冬天，为什么返称“吴”，不再书写“吴子”呢？“吴何以不称子？反夷狄也。”因老毛病又犯了，不合礼义了。为什么呢？因为打胜楚国，“妻楚王之母也”，把对方国君的母亲纳为太太，简直是夷狄之行，所以，不再称“吴子”。

经：公会晋侯及吴子于黄池。（哀公十三年）

传：吴何以称子？吴主会也。吴主会则曷为先言晋侯？不与夷狄之主中国也。其言及吴子何？会两伯之辞也。不与夷狄之主中国，则曷为以会两伯之辞言之？重吴也。曷为重吴？吴在是则天下诸侯莫敢不至也。

经书“公会晋侯及吴子于黄池”，这一段吴又称“吴子”，为什么要称“子”？因为“吴主会”。为什么还要鲁国摆在前面？“吴主会则曷为先言晋侯？不与夷狄之主中国。其言及吴子何？会两伯之辞也。”“伯”就是“霸”。“不与夷狄之主中国，则曷为以会两伯之辞言之？重吴也。”看重吴国。为什么看重？因为吴国在这里，天下莫敢不至，换句话说吴国力量很强大，大家不能不重视这一点。

董仲舒对于《春秋》阐解，也同传文，他说：

《春秋》缘鲁以言王义，杀隐桓以为远祖，定哀以为考妣，……隐桓亲《春秋》之先人也，益师卒而不日，于稷之会，言其成宋乱，以远外也。黄池之会，以两伯之辞，言不以为外，以近内也。（《春秋繁露·奉本》）

这就是本着礼“差外内、远近、新故之级”的精神在书法上的表现。又说：

《春秋》之于偏战也，犹其于诸夏也，引之鲁则谓之外，引之夷狄则谓之内，比之诈战则谓之义，比之不战则谓之不义。（《春秋繁露·竹林》）

这是以内外分我（鲁）、华夏、夷狄，确明内外差等。又说：

于所见微其辞，于所闻痛其祸，于传闻杀其恩，与情俱也。是故逐季氏，而言又雩，微其辞也。子赤杀，弗忍书日，痛其祸也。子般杀，而书乙未，杀其恩也。屈伸之志，详略之文皆应之。（《春秋繁露·楚庄王》）

这里则以《春秋》分十二世为三等之说，此书法于“远近”之别就得以显示了。

可见《春秋》之义是有层次性，通过借外内之辞，以表明王者欲一乎天下，当由近及远。它运用三世书法，于所传闻世示内鲁而外诸夏；于所闻世，示内诸夏而外夷狄；至于所见世，示无外内、远近、大小之别，而一体对待，此正合《大学》治国平天下之道。

第五讲 五始义、一统义

《公羊传》视《春秋》是一本拨乱反正的政书，其总纲就在『元年，春，王，正月』中，示五始，立基于王，上以志求尧舜公天下之太平世，下以奖霸遵王化，示一统天下之意，《传》以文王释王，其实是《春秋》经纶天下的理想王，它是人格化的礼义本身，以此来『贬天子，退诸侯，讨大夫，以达王事而已矣』。

《公羊传》视《春秋》是一本拨乱反正的政书，其总纲就在“元年，春，王，正月”中，示五始，立基于王，上以志求尧舜公天下之太平世，下以奖霸尊王化，示一统天下之意，《传》以文王释王，其实是《春秋》经纶天下的理想王，它是人格化的礼义本身，以此来“贬天子，退诸侯，讨大夫，以达王事而已矣”。《公羊传》用书法示春秋之义，展现其五始义、一统义、三世义、外内义、王者欲一乎天下等等。

“五始”是指“元年、春、王、正月、公即位”。《春秋》通过书法的设计，在鲁隐公“元年，春，王正月”的经文里托寓着甚深的拨乱反正的微言。只有通过书法的特殊解读，才能明白其中的深意，即在成乎“公”意、正乎“文”（王）、承乎“春”（天时）、奉乎“元”（天）。同时，在“五始”义中，明示“大一统”。“大一统”是“重视一统”或以“一统”为大的意思，决不是当今人们所想当然尔的“统一”。“一统”蕴含着“讥世卿”（隐公三年夏）、“大夫无遂事”（桓公七年冬、庄公十九年秋）、“大居正”（隐公三年冬）、“王者无敌”（成公元年秋）、“王者无外”（桓公七年冬）、“王者无求”（桓公十五年春）、“什一”之制（宣公十五年秋）等义。这是《春秋》制，乃是孔子针对现实世界的乱象、乱行、乱制所批示出来的一条平正的治法。

第一节 《春秋》五始义

《春秋》“五始”指的就是“元年、春、王、正月、公即位”。这是公羊家归纳出来的。

经：元年春王正月〔□□□〕。（隐公元年）

传：元年者何？君之始年也。春者何？岁之始也。王者孰谓？谓文王也。曷为先言王而后言正月？王正月也。何言乎王正月？大一统也。公何以不言即位？成公意也。

《春秋》经记载春秋时代共有二百四十二年，开宗明义第一条是鲁隐公元年，“元年春王正月”，这里记录的是鲁国国君。如果按照正规的写法，一定要写某公“元年春王正月公即位”。这里“公即位”是表示其中第五个始，其上“正月”是第四个始，“王”是第三个始，“春”是第二个始，“元”是第一个始。始就是开始，按何休的解说，“元”是“天地之始”，天地的本源；“春”是“岁之始”，一年四季的开头；接下来是“王”，“王”是“人道之始”；再来就是“正月”，是“政教之始”；“公即位”是“一国之始”。“正（去声）月”，不读“正（阴平）月”，“正月”是不是就是“元月”（一月）呢？这里涉及每一个朝政究竟采取天文月中的哪个月为元月。一般而言，有三正（三统）的选择，即以子月为岁首的天统，以丑月为岁首的地统，以寅月为岁首的人统，三统各自为元，彼此不同。周承天统，以子月为岁首，鲁国自必奉行。《春秋公羊传》对经文只书写“元年春王正月”，下面就没有了，因此要交代经为什么没写“公即位”，这有很多意义要说。按照传文，一问一答。“元年者何？”“元”是君之始年，国君继位的第一年。那“春”是指什么呢？“春”就是岁之始，岁就是年，即年之始。那“王者孰谓”是指什么呢？“王”，《传》指文王，但《经》只讲“王”，没讲“文王”，传文里说是“文王”，可是传文里的“文王”究竟怎么理解呢？这稍后再讲。“曷为先言王而后言正月”，为什么要说“王正月”呢？为什么不写“元年春正月”呢？为什么“王”要插在“春正”之间？这个地方是不是有点奇怪？“曷为先言王后言正月”，因为“王正月”指这个正月是属于新王的正月，不是旧王的正月，新朝代当有新王，新王有新政，改正朔，易服色是新王施新政的内容。这个正月是新王的正月，不是王，就没有所谓正月。换句话说，这个正月是属于新王所颁定的。鲁隐公的元年即位，当时的王当然是周王，因为鲁国奉周王正朔。在古代，历法的颁布是国家大事，尤其是农业社会，历法等于同现在的通书，二十四节气规定什么节气做什么事，这是顺应天时。换句话说，所有的施政步调，都是依照这个历法来。历法错乱了，施政就失去了准则，在农业社会，靠天吃饭，不违农时就非常重要，总不能在老百姓播种的时间枉征民工修马路、筑城墙吧！

为什么要讲这个“王正月”呢？就是为了“大一统”。很多历史学家所说的“大一统”，他的“大”是个形容词，表示很大的“一统”，其实读错了，不晓得这个“大”当作动词，“大一统”，就是以“一统”为大，也就是重视“一统”的意思。为什么讲“王”的“正月”呢？因为重视王的“一统”，所以这个“一统”应该“一统”于“王”，没有“王”哪里来得“一统”？可是现在人读了很多书，却忘了“一统”是什么，只知道“统一”，却不知“一统”。我们是讲“一统”的，但不是一定讲“统一”的。“统一”是权力集中的概念，“一统”是道德感召的概念，两者不同。按照熊十力先生的解释，一统就是仁统，以“仁”为统，可以说是以“礼”为统，也可以说以“道”为统，由于礼本于仁，仁又归于道。显然，《春秋》推行的是“道之以德，齐之以礼”的王道政治，决非“操控以势，齐以法术”的集权政治。

那“公何以不言即位”，这里没有写“公即位”，为什么？因为顺成隐公不欲即位的心意，故言“成公意也”。“成公意”是顺成隐公不欲即位的心意，君子成人之美，不成人之恶。隐公有让意，不欲即位，因特殊的缘故暂代弟弟即位。为什么隐公要让？因为隐公爸爸的元配没生儿子，但他的左媵与右媵都生了儿子，但媵（妾）有大小之分，以右为尊，因隐公的妈妈是左媵，桓公的妈妈是右媵。依礼，元配无子，由右媵之子继承，所以，应由桓公继位，但因为他们之间，哪个较尊，哪个较卑，差别甚小，国人不知，可是隐公比较年长又贤能，众大夫又拥戴他，如果他不接受，将来桓能不能立就有问题，于是心想暂代弟立，随时准备让位。《春秋》针对隐公之不欲即位而不书即位，就有奖其让位之意。这里“成公意”，亦表明作为一个诸侯国君继承这个君位，理应奉公而行。鲁隐公等十二公，都称什么“公”的。我们要知道被称为“公”的，一定要真的是做到公，做不到公就不能称作“公”，这原是《春秋》正名的本义，绝不单指那个国君而已。可见讲“成公意”，如果讲不到这层意思，那算不上地道的《公羊春秋》绝学。

每一个名，其实都是代表某一种德的概念在里面，可以说《春秋》经中每个字辞，不只是一个真假事实的叙述，其实也应是一个价值判断的符号。所以，这个地方就牵涉到《春秋》究竟是史书还是经书。是史的话就是叙述事实真假的史书，是经的话就是一本价值的书。从公羊家的立场，公羊家是讲经学的，经当然是从价值的立场来讲，这是立足点。所以我们看这“元年春王正月”，究竟这个是代表一个国君的第一年继位的纯事实的叙述呢，还是这个叙述里面蕴含着一个立国大法在里面？按照我们《公羊春秋》学的说法，这五始义就是要讲立国大法则，我们不要轻看这几个字，包括这几个字怎么排序，都蕴含很深层的意义。但要理解《春秋》的五始义，我们还要讲清楚几个概念：

第一个，《春秋》王鲁，托鲁隐公为始受命王。“王鲁”就是以鲁国作为经纶天下的一个开端。《春秋》经为了展现治法，把鲁国当作一个经纶天下的起点，假托隐公作为始受命王，不是认为隐公真的受命。按照何休公羊学的角度来看，孔子为了讲明经世大法，假托鲁《春秋》的事迹，把历史中的人物和事件当作一个例子，表明怎样做是对或错。因此，《春秋》是应天做新王之事，把春秋当作是继周而起的一个新的朝代。这个新的朝代应该怎么去经纶天下呢！于是规划出三阶段，在第一阶段应该怎么做，第二阶段怎么做，第三阶段应该怎么做，最后完成了。《春秋》经书写了二百四十二年，最后，在鲁哀公十四年书写“西狩获麟”为止。依照传统信仰，在中国不世出的麟来了，是表示吉祥之瑞；可是孔子为什么哭呢？这时孔子说“吾道穷矣”。为什么说“吾道穷矣”？是说经纶天下达到最圆满的当下，又要走入另外一个新的不圆满，就像《易经》讲既济卦之后接着是未济卦，既济看起来最圆满的，可是月满的时候是正要转向亏的时候，因此不要太高兴。凡是达到最圆满那一刹那，便要准备迎接新的挑战了。《易经》表达这个道理，《春秋》也同样表达这个道理。《春秋》从鲁隐公元年春到鲁哀公十四年春，从天时而论，其始也春，其终也春，蕴含着春而又春的终始之道，与《易》之“生生”之道完全合拍，因此，先哲认为不懂《易》也不能懂《春秋》，道理就在这里。

第二个是，《春秋》应天作新王之事。孔子受天感召写了这本《春秋》经，所以说《春秋》是应天而作。孔子晚年感叹“知我者，其天乎”，背后含有：“上天交任务给我，那我就接受天的任务，来完成它！”天的任务就是孔子的志向所在，《易纬》上说“孔子志在《春秋》，行在《孝经》”，如果把这些都贯通起来，就会知道《春秋》是应天作新王之事，《春秋》心就是天心，天心是代表至大中至正之心，是为万世开太平之心。能体会到这儿，孔子所作的《春秋》，决不是为某一个特殊朝代做史实的记录，而是借着它来彰显天心的经世书。

第三，王者必改正朔。王者，如果是一个新的王来领受天下，就得改正朔。改正朔就是更新历法，即始政布达日是以何时为元月一日的问题，这是所谓的政月。后来因为秦朝秦始皇上台，秦始皇名政，为了避讳就把“政月”改作“正月”，新王赋新政，改正朔、易服色，一新耳目，明非承袭旧政。据三统说，三代崇尚的颜色各不同，殷朝的时候以白色为最尊，周朝是以红色为尊，夏朝是以黑色为最尊，不同颜色代表不同新气象。

第二节　建始例寓孔子特笔

明白五始义，接着要说建始例。依刘逢禄《何氏释例》所说：“建始者，受命改元之大要也。”建者立也，要立一个开始。谁有办法立一个开始？前朝有前朝的“元”，现在新受命王朝又有新的“元”。所以，《春秋》开头讲这个东西，就是在讲受命改元。如果这一本书不是《春秋》经，而是周朝的书，那直接讲就好了，不必这么绕圈圈了。可是它是鲁国的书，鲁国是诸侯，诸侯怎么可以当王呢？所以说“王鲁”是不通的。可是我们有没有想到孔子是真的把鲁国国君当作王吗？不是的，它只是一个假设，借此来说明新王如何建立，如何由小而大，如何先治理家国，然后进一步处理国外诸夏之间的关系，最后不分华夏与夷狄，一视同仁。不二就是仁，仁就是仁天下的时候，天下没有分内外，没有夷狄华夏的分别。可是在还没有达到华夏、夷狄没有分别之前，一定要先了解夷狄跟华夏的区别。夷狄跟华夏的区别，按《春秋》经的理解，基本上是文化意义，而不是种族的意义。所以《公羊传》里面就说，如果华夏族行夷狄之行，就沦为夷狄；如果夷狄接受华夏文化，就视同华夏。

五始里面最重要的几个字是“元、春、王、正、公”，王者必受命而后王，王受什么命？是受天命，亦即《尚书》所说的“天视自我民视，天听自我民听”，如果换个方式讲，就是《穀梁传》所讲的“王者，民之所归往也”。人人民心归向他，他就是王，所以“往”跟“王”音训相通，其义亦通。现在讲民主政治，以民意为依归。但古代政治则换另一种讲法，托诸天命。天命之所在即民意之所在。可是为什么古人用天意，而不用民意呢？这个地方有没有玄机呢？我认为是有的。古代人怎么没有考虑到这个民主政治？民主政治里面一天到晚讲民意民意，请问民意如何得到？是不是靠电话访问，或社会调查就可以知道？民意问卷由谁来决定？它瞬息万变，要怎样才能确切知道？这就要回到传统对天的信仰上来。然而天心跟人心到底是一个心还是两个心？这就要回到中国儒学里面所讲的道心跟人心的关系问题，究竟道心就是人心，还是人心就是道心，可是“道心惟微，惟精惟一”，似乎很难处理。其实道心跟人心的差别，用佛教的说法，众生跟佛有什么不同，众生心跟佛心又有什么差别？回答是没有差别。但是既然没有差别，为何分众生心跟佛心呢？众生心是迷，故有生死，佛心是悟，故无生死。迷悟还是一个心。觉悟了没有生死，虽死犹生，所以就不怕死；不觉悟，过一天就失去一天，注定走向死亡。按照存在主义的说法：人是迈向死亡的存有。人早死晚死都得死的。如果忘掉生死，就进入永恒，那可以忘为什么不忘呢？因为没有修养。人心和道心的区别也是觉悟与不觉悟的问题，“人心惟危，道心惟微”，能够“惟精惟一，允执厥中”，就觉悟了，得了儒家这十六字心传。换言之，民意有迷或不全符合天意，可是天意永远深不可测，代表着公平公正，惟有德于天的王者，才会得到天命。

《春秋》建始例特别重要，因建始例寓有孔子的特笔。孔子这一本书是依照鲁《春秋》写的，可是鲁《春秋》原来怎么写的，现在我们无法知道，但可以根据后来出土的那个时代的青铜器以及几位史家研究的说法来看。宋儒吕大奎在《春秋五论·论三》中认为：“‘元年春正月’，乃史之旧文也，加‘王’焉，是圣人笔之也”[①]。是说“元年春正月”是古代史书的旧文，原来没有王，加“王”是圣人的特笔。那么依照现在金文的数据，有“隹王二月”“隹王三月”“隹王五月”“隹王十月”，可见这个旧史书法中有“王”字，这个才是经文历史上叙

① 吕大奎，《春秋五论·论三》，见重编本《通志堂经解》（台北：汉京文化事业有限公司，1990年）第二十三册，页13504-13505。

述的真正的笔法，而不是"春正月"，"春正月"这个说法不尽合理。依照杜钢百的《孔氏撰〈春秋〉异于旧史文体考》[①]说："综上各项以观，可见记载之紊，迄西周末，犹未厘定。则整齐年月，自当始于《春秋》矣。而春冠王上，尤遍考金文不得，故春王之加，的系孔氏新创首时义。"为什么说是孔子首创呢？因为"春"冠在"王"上，旧史中没有。按照吕大奎说法，"王"是孔子加进去的，是特笔；而杜钢百说吕大奎这个说法不对，而是"春"冠在"王"上面才是。总之，不管他们怎么讲，总是圣人修的，圣人会这样写，它跟已往不同，这特笔必有独特寓意。

杜钢百这里还提到"首时"。关于"首时"的概念，我们在讲《春秋》的时候，特别提到洪业先生的《春秋经传引得》，他假设原来的史书是没有用春、夏、秋、冬，只有到了《春秋》这本书的时候，才配上春、夏、秋、冬四时的概念，这个说法应该是有史实的证据。对儒家而言，从《论语》"学而时习之"开始，到《易经》都特别强调这个"时"的概念。对四时的强调，《春秋》的书写，始于"春"又终于"春"，完全暗合《易经》"生生"的易道，这都不是偶然的。

第三节　董仲舒释五始

董仲舒怎么讲"五始"？我们来看《春秋繁露·玉英第四》云：

《春秋》变一谓之元，元犹原也，其义以随天地终始也。……《春秋》之道，以元之深，正天之端，以天之端，正王之政，以王之政，正诸侯之即位，以诸侯之即位，正竟内之治，五者俱正，而化大行。

"《春秋》变一谓之元"，有何道理？按照董仲舒、何休的说法，未修《春

① 杜钢百，《孔氏撰〈春秋〉异于旧史文体考》，见《武汉大学文哲季刊》3卷2号，页325。

秋》原文本来是“鲁隐公一年”，后来孔子将一年的“一”改作“元”。“元”就是本元的“元”，“元”者原也，它的道理是“随天地终始也”，完全是配合天地的。理想人君的一切作为应当配合天地终始，这是承受古代天人合德的思想来的。在《易经》八卦里三爻代表“天地人”三才。人是天地交合而生，故居中；人禀受天地以生，唯有随天地终始，这个才是正道。现代人很狂妄，企图改变自然节奏，完全不顺应自然的规律，那只有提早出局。古代农业社会生存的基本前提是尊重自然，顺应天时，因此天人合一是中国生态哲学的基本概念。换句话说，人不可能脱离天地之外而存在，也不能采取对立方式，唯有谋求天人和谐才能生生不息。

“《春秋》之道”是什么呢？是以“元之深”来“正天之端”。这个“元”是很深远的；而“天之端”是指岁之始，由深远的元贞定万物生时。以“天之端”来“正王之政”，是以天时作为王政准则、不悖天时的意思。以“王之政”来“正诸侯即位”，即表示天下一统，各诸侯均奉王之正朔的意思。《论语·为政第二》里也讲：“政者正也。子率以正，孰敢不正？”政就是主持正义，维护正义。一个王要领导诸侯，必须要正诸侯之即位。“以诸侯之即位，正竟内之治”，一个诸侯他所管辖范围之内，诸侯自己先要先正。“五者俱正，而化大行”，所以，元深正、天端正、王政正、诸侯即位正，境内之治正，五者俱正，天人运化大大地呈现。《易经》里面讲“化”，“变”跟“化”是不一样的，“变”是表面的变，“化”才是彻头彻尾的变，精神实质的变。就一个人来讲，“变”跟“化”也是不一样的，深浅不同，外表的是变，外表变了心不变，观念没有变，那就没有达到“化”的境界。《春秋繁露·王道第六》也说：

《春秋》何贵乎元而言之？元者，始也，言本正也；道，王道也；王者，人之始也。王正，则元气和顺，风雨时，景星见，黄龙下；王不正，则上变天，贼气并见。

《春秋》为什么贵“元”呢？因为“元”是“始”，是开端，一开始就正。“元”是天地之大本，我们毓老师讲“奉元”，就是要回到天地之始，作为讲学的根据。不懂《春秋》就不知“元”，不知“元”又怎能“奉元”。接着讲“道”，“道”是“王道”，“王”是人道之始，人道的开端就是寄托在王者身上。王者往也，是人人钦慕而归往的对象，据此讲政治必属德治系统。“王正，则元气和顺，风雨时，景星见，黄龙下；王不正，则上变天，贼气并见。”这一段讲王政与自然环境的关系，董仲舒所说涉及古代天人感应的信仰，其主要观念是认为天象会随人的作为而改变，人做好，天自然就给人祥瑞；做不好，天自然就警告，或降灾害给人。人若招惹了大自然，破坏大自然的规律，大自然就会反扑，带给人类灾难。当然古代这个哲学思想，是建立在古代普遍天道信仰的基础上。虽然现代人都对这个天道的信仰淡薄了，可是道理还是在的。现代社会也讲生态环境、环保之类，不是吗？

《春秋》之序辞也，置王于春正之间，非曰（岂非）：上奉天施，而下正人，然后可以为王也云尔！（《春秋繁露·竹林第三》）

“序辞也”，这个“序”，当作动词用。安排《春秋》的措词，有一个顺序，为什么把“王”置在“春”跟“正”之间呢？“非曰”，这里叫作“岂非”，那岂不是说“上奉天施，而下正人，然后可以为王”吗？意思是说在“春”和“正”之间安排一个“王”字，是说“王”要顺应天时，下正诸侯。要“正诸侯”，诸侯自己不正不行，这个道理就在这里。《春秋》经表达孔子的哲学思想，就在他的序辞里面。《春秋》有《春秋》之辞，《春秋》之辞的书写有序，序就是指文字排列的先后。所以，要懂得解《春秋》经的秘密，就在观察文字使用的更动或变化，同一句子，前后文字一更动，表被动或主动，意义就有变化。文字一改动，是用“子”还是用“字”，是用“字”还是用“名”，是用“名”还是用“人”，是用“人”还是用“氏”，是用“氏”还是用“国”，是用“国”还是用“州”，句意就有差别，因为这些文字都带有价值判断的意含，所以，要懂《春秋》必要先知经所施设的那个名例才行。

臣谨案春秋之文，求王道之端，得之于正。正次王，王次春。春者，天之所为也；正者，王之所为也。其意曰：“上承天之所为，而下以正其所为，正王道之端云尔。”（《汉书·董仲舒传》）

上文出现在《汉书·董仲舒传》中，记载董仲舒向汉武帝献策的第一策。“案春秋之文，求王道之端。”“按”，指依照《春秋》的文字，求王道的开端。王道的开端在哪里？“得之于正”。正（政）是王道的核心，王道政治就在维持社会公正的理想。“正次王，王次春，春者，天之所为也；正者，王之所为也”，天之所为以春来生万物，王之所为以正（政）天下。《春秋》政治哲学就寄托在王者上承天道，下正诸侯之政上。

《春秋》曰：“王正月。”传曰：“王者孰谓？谓文王也。曷为先言王而后言正月？王正月也。何以谓之王正月？曰：王者必受命而后王，王者必改正朔，易服色，制礼乐，一统于天下，所以明易姓非继人，通以己受之于天也。王者受命而王，制此月以应变，故作科以奉天地，故谓之王正月也。”（《春秋繁露·三代改制质文》）

来看“王正月”，王是什么？谓文王啊。为什么说这个？这个是跟《左传》，跟《公羊传》一样，“王者必受命，王者必改正朔、易服色”，连服装颜色都改变了。比如满清入关后，满清有满洲服，明朝有明朝服，民众心存要不要改变服饰、要不要留辫子的问题，所谓“留头不留发，留发不留头”。而奉明为正朔的后人，在清朝统治下，他没有办法了，打不过满清，不得不归顺；可是死的时候，他不归顺，依旧穿着明朝的服饰，遵循明朝的礼数，所谓生降死不降，这就是民族主义的精神。现在是民主时代，没有这一套，还我是主人，还我堂堂正正是个人就好了。“一统于天下”不是“统一”于天下，而是“一始”于天下。“明易姓非继人”，说明这个朝代的更换，不是私相授受，而是受之天命。所以，政权的转移是以天命转移为依归，“王者受命而王，制此月以应变，故作科以奉天地，故谓之王正月也”。“王正月”，这个正月是属于王的“正月”。

臣谨案春秋谓一元之意，一者万物之所从始也，元者辞之所谓大也。谓一为元者，视大始而欲正本也。春秋深探其本，而反自贵者始。故为人君者，正心以正朝廷，正朝廷以正百官，正百官以正万民，正万民以正四方。四方正，远近莫敢不壹于正，而亡有邪气奸其间者。是以阴阳调而风雨时，群生和而万民殖，五谷孰而草木茂，天地之间被润泽而大丰美，四海之内闻盛德而皆徕臣，诸福之物，可致之祥，莫不毕至，而王道终矣。(《汉书·董仲舒传》)

“一者万物之所从始”，一是万物的开端，是万物的本体。“元者辞之所谓大也”，“元”有大的意思，“谓一为元是视大始而欲正本也”，视，显示；大始，以始为大；显示以始为大，并欲以端正其本原的意思。《春秋》之教，凡事不要小看这一开始，所谓“失之毫厘，谬以千里”。所以，做任何事一开始都要非常谨慎小心，慎始就是正本，以本为正，归本于正。“春秋深探其本，而反自贵则始。故为人君者，正心以正朝廷，正朝廷以正百官，正百官以正万民，正万民以正四方。四方正，远近莫敢不壹于正。”这个“壹”不写成“一”，有深意，当作动词，古人用这个“壹”有抟为一体的意思。“而亡有邪气奸其间者，是以阴阳调而风雨时，……”最后“可致之祥，莫不毕至，而王道终矣”。王道完成了一定有祥瑞的征候出现，依照《尚书》的讲法就是凤凰来仪，依照《春秋》就是感麟而至，以应太平。麟不是中国之兽，连麟都跑到中国来了，表示中国有乐活遂生之处，那全世界的人岂不众所归往呢！董仲舒之说《春秋》大治正本之教，其效应有如此之大者。

第四节　何休释五始

何休怎么诠释“五始”？《解诂》上说：

变一为元。元者气也，无形以起，有形以分，造起天地，天地之始也。故上无所系，而使春系之也。

“变一为元。元者气也”，何休用形上学的本体论来解释这个“元”，说“元”就是“气”，“气”是中国传统里的老观念，万物有“气”则生，无“气”则死。就人而言，人有精、气、神，三者一体三态，流行不已而言，亦称作“道”，“道”

之流行，生生不息。不是西方哲学那永恒不变的“Substance”，或称“动之不动者”——推动世界的那个不动者“上帝”。此动之不动的“本体”是不动的。但中国哲学不是这样讲，说它是生生不息，生生不息就是大化流行，是活活泼泼的。“无形以起，有形以夫分，造起天地”，天地都是从气来的，气本无形，却生起天地的本始，没有它就没有天地万物可说。

不言公，言君之始年者，王者诸侯皆称君，所以通其义于王者。惟王者，然后改元立号，《春秋》托新王受命于鲁，故因以录即位，明王者当继天奉元，养成万物。

《传》云：“元年者何？君之始年也。”何休说：这里不言隐公之始年，而言“君之始年者”，是要打通王与诸侯的称号；天子称君，诸侯也可以称君，在《公羊》学里诸侯有不纯臣之意，这与《左传》学里诸侯只是臣不同。《公羊》学所讲的并不是纳入一个历史的事实体制来了解。“所以通其义于王者”，目的是要将诸侯的义跟王的义打通。“惟王者，然后改元立号，《春秋》托新王受命于鲁”，这是为后代都难接受的，因为鲁隐公仅能是侯，怎可称王？称王于鲁就等于把新受命这一件事寄托在鲁，而鲁国第一个国君就是鲁隐公，所以《春秋》把鲁隐公当作始受命王看待是作为一个例子，来展现新王如何治国平天下的道理。历史书是描述客观史实，但孔子作《春秋》是借着历史史实来讲治世的道理。可惜后代的人读错了，把它当作孔子讲现代史，结果现代史也讲不清楚，而且最重要的经世思想也不见了。依笔者对孔子心志的研究，晚年的孔子才不是要当一位历史教授！

以上系元年，在王正月之上，知岁之始也。春者，天地开辟之端，养生之首，法象所出，四时本名也。

《传》云：“春者何？岁之始也。”何休据上所引，释春为岁之始，说明它是天地化生万物的开端、万物养生的首要，是一切政教依据，是四时的本名。

以上系王于春，知文王也。文王，周始受命之王。天之所命，故上系天端，方陈受命，制正月，故假以为王法。不言谥者，法其生，不法其死，与后王共之，人道之始也。

《传》云：“王者孰谓？谓文王也。”为什么“系王于春，知文王也”？因为“文王，周始受命王”，周之有命，受之于天，故系于春。王系于春之下，知王者以奉天时，受命制正月，借文王来表明王法。“不言义谥者”，“谥”原是人死后追尊之称，某人在世有德，死后追尊的称号。但“文”在这个地方不当死后的谥号，意思是“文王”不是指历史上已故去的那个姬昌，《春秋》仅“法其生，不法其死，与后王共之，人道之始也”，是借文王来讲人道的开端。

以上系于王，知王者受命布政施教，所制月也。王者受命，必徙居处，改正朔，易服色，殊徽号，变牺牲，异器械，明受之于天，不受之于人。

《传》云：“曷为先言王而后言正月？王正月也。”说明正月是王者布政施教的始月，不是“受之于天”的王是没有所谓正月，再三强调受命施政根据在天而不是人。

统者，始也，总系之辞。夫王者始受命，改制布政，施教于天下，自公侯至于庶人，自山川至于草木昆虫，莫不一一系于正月，故云政教之始。

《传》云：“何言王正月？大一统也。”这一段解释“统”，取开始的意思而不是统制，作为一切政教的本原而不是唯一硬尺度。《春秋》重视“一统”而非“统一”，封建制度讲“一统”，郡县制度讲“统一”。依孔子“君子和而不同”的立意来说，“一统”的目标属“和”而“统一”的目标属“同”，也可以说是儒法两家所追求理念的不同，读《春秋》不可不留意“一统”与“统一”的分际。所讲的“一统”是透过王的正（政）月，上奉春（天时之端）下施政，一切人事的作为与对自然环境的规划均纳入在内，因此“王正月”乃一统政教之始。

即位者，一国之始。政莫大于正。故《春秋》以元之气正天之端，以天之端正王之政，以王之政正诸侯之即位，以诸侯之即位正竟内之治。诸侯不上奉王之政，则不得即位，故先言正月而后言即位；政不由王出，则不得为政，故先言王而后言正月也。王者不承正以制号令，则无法，故先言春而后言王，天不深正其元，则不能成其化，故先言元而后言春。五者同日并见，相须成体，乃天人之大本，万物之所系，不可不察也。

“即位”就是一国施政的开始。“政莫大于正”，处理政治的事情没有比维持公正更重要。《春秋》讲五始，归本于元，落实于正，“正”是通天地乃至于人事，五始同日并见，有甚深的哲学在。《传》末说：“君子曷为为《春秋》？拨乱世，反诸正，莫近诸《春秋》。”还是回归到“正”字上，《公羊春秋》的五始义本元正天端（春），以天端正王之政，以王之政正诸侯之即位，以诸侯之即位正境内之治，俱表经世的大法则。

第五节 《春秋》王鲁

王鲁就是把鲁国当作一个王畿之地，展开平天下的大工程。《春秋》借鲁史中的鲁隐公为始受命王，以鲁隐公治鲁事迹之当否来展现王道之推行而已，完全是假托的，不是真的认定鲁隐公为王。

对王鲁这说法，董仲舒怎么说呢？他说：

《春秋》应天作新王之事，时正黑统，王鲁，尚黑，绌夏、亲周、故宋，乐宜亲招（韶）武（舞），故以虞录亲，乐制宜商，合伯子男为一等。……《春秋》作新王之事，变周之制，当正黑统，而殷周为王者之后，绌夏，改号禹谓之帝，录其后以小国，故曰：绌夏、存周，以春秋当新王。（《春秋繁露·三代改制质文》）

“绌夏，亲周，故宋”，这个“故”是指非亲非故的“故”，亲故是指关系的远近。以新王受命来说，与旧王关系最近的是周代，所以称作“亲周”，“亲周”有的作“新周”，“亲”“新”两字先秦时相通。关系比较远的是殷代，殷于周时称宋，所以称“故宋”，依三统说，夏已脱出亲故的范围，所以称“绌夏”。按照古代一个新王起来以后，旧朝就变成了亲朝，旧朝之前的王朝就是故朝，各朝有各朝的政统，这就是所谓的“三统”。对于统的认可表示它多少还有民意的代表性，三统之外就不在保障、优惠之类，没有什么神秘，通三统为一统，是对民意的尊重。民意即天命，众望所归的意思。施之于《春秋》，则《春秋》是继周而成立的一个新朝代，那么如何对待周，如何对待宋（殷）的后代呢？这时对周朝后代也封小国，但称公不称侯，称客而朝。可以看出，《春秋》之礼如何看待政权和平转移这一回事，而不是历史出现上的赶尽杀绝。隐公元年，何休《解诂》云：

惟王者，然后改元立号，《春秋》托新王受命于鲁，故因以录即位，明王者当继天奉元，养成万物。

《春秋》王鲁，托隐公以为始受命王，因仪父先与隐公盟，可假以见褒赏之法。

何休以《春秋》托新王受命于鲁，改元立号，继天奉元，养成万物。借邾娄国国君入春秋后，先与鲁国结盟，赏其首慕王化，称其字仪父以褒之。此《春秋》书“公及邾娄仪父盟于昧”，显新王化天下所实行的褒赏之法。

经：秋七月，天王使宰咺来归惠公仲子之赗。（隐公元年）

传：宰者何？官也。咺者何？名也。曷为以官氏？宰，士也。惠公者何？隐之考也。仲子者何？桓之母也。何以不称夫人？桓未君也。赗者何？丧事有赗。赗者盖以马，以乘马束帛。车马曰赗，货财曰赙，衣被曰襚。桓未君则诸侯曷为来赗之？隐为桓立，故以桓母之丧告于诸侯。然则何言尔？成公意也。其言来何？不及事也。其言惠公仲子何？兼之。兼之，非礼也。何以不言及仲子？仲子，微也。

注：言天王者，时吴楚上僭称王，王者不能正，而上自系于天也。《春秋》不正者，因以广是非。称使者，王尊敬诸侯之意也。王者据土，与诸侯分职，

俱南面而治，有不纯臣之义，故异姓谓之伯舅、叔舅。同姓谓之伯父、叔父。言归者，与使有之辞也。天地所生，非一家所有，有无当相通。所传闻之世，外小恶不书，书者，来接内也。《春秋》王鲁，以鲁为天下化首，明亲来被王化，渐渍礼义者，在可备责之域，故从内小恶举也。主书者，从不及事也。

对此条经文的书写，在诠释上三传有诸多异解，史事难明。仲子究竟是何身份？是桓公之母、惠公之妾，还是惠公之母、孝公之妾？依《公羊传》《左传》认为是桓公之母。依《公羊》隐公之立为桓公立，贯彻让意，是隐公以桓母仲子之丧告诸侯，然周平王何以使宰咺来归（致赠）赗礼于惠公仲子，用“惠公仲子”简直不辞，且兼致两赗，于礼不合。若书“及”字，又显示仲子根本不是惠公之夫人。但惠公死，夫人无子，以右媵之子继位，隐公为左媵之子，长而卑，以长而又贤，受大夫拥立，隐公权代桓公而立，故以桓母之丧告周王。周王使致赗，然使者亦将错就错，有失士职，故书宰咺之名；而王亦僭天，故书天王，表示非礼。《传》诠“来”，时葬事已毕，无所复施，故言“不及事”，何休以为经意如此。《春秋》善善恶恶，贤贤贱不肖，以广是非也。何休传《公羊春秋》义，于此表明四项：1. 王者据土，与诸侯分职，俱南面而治，有不纯臣之义。2. 天地所生，非一家所有，有无当相通之义。3.《春秋》王鲁义。4. 所传闻之世，外小恶不书，书者，来接内之三世书法义。值得注意的是，经中称使，示王尊敬诸侯。传文云：“桓未君则诸侯曷为来赗之？隐为桓立，故以桓母之丧告于诸侯。”这里改“天子”为“诸侯”来赗，莫非表王鲁义，或王与诸侯之间有不纯臣之义的主张。《春秋》托王鲁，以鲁为天下化首，透过三世书法义，于所传闻世，从内小恶举，因此，首先与鲁国交往者视为接受王化，在可备责之域，就加以刻责。

经：夏，成周宣谢灾。（宣公十六年）

传：成周者何？东周也。宣谢者何？宣宫之谢也。何言乎成周宣谢灾？乐器藏焉尔。成周宣谢灾，何以书？记灾也。外灾不书，此何以书？新周也。

何注：新周，故分别所灾，不与宋同也。孔子以《春秋》当新王，上黜杞，下新周而故宋。因天灾，中兴之乐器，示周之不复兴，故系宣谢于成周，使若国文，黜而新之，从为王者后记灾也。

“成周宣谢灾”，成周就是东周。“宣谢灾”是什么？周宣王庙中所藏中兴乐器的地方发生火灾。外灾不书，这里为什么记“新周”？“新”,《繁露》《史记》俱作“亲”，均当动词用，反面地说“新周”有周新失天命之意，正面地说是革周之命，烧掉周王朝的绩业的意思，等于周的时代消失了，鲁王朝起来了。这是《春秋》假鲁为新王朝，所以“故宋”而“黜杞”，杞就是夏朝的后代，把他罢黜在三统之外。本来成周宣谢灾，于鲁属外灾，本来是不书写的，现存系宣谢于成周，使若一国，黜而新之，是“为王者之后记灾”。成周为新王后，则非王鲁而何。清代刘逢禄《春秋公羊经何氏释例》是这样解释的：

王鲁者，则所谓“以《春秋》当新王”也。夫子受命制作，以为托诸空言，不如行事博深切明，故引史记而加乎王心焉。孟子曰：“《春秋》，天子之事也。”夫制新王之法以俟后圣，何以必乎鲁？曰：因鲁史之文，避制作之僭。祖之所逮闻，惟鲁为近。故据以为京师，张治本也。（上海古籍出版社点校本，页 152）

他说王鲁是以《春秋》当新王，《春秋》如何当新王？因为《春秋》中所记尽是王者治理天下的事，它是一本讲天子如何经纶天下的书，是孔子受命制作的。孔子认为写一本纯理论的书不如举历史实例来说明更深刻明白，为了避免制作之僭，且寄寓平天下之构想，托鲁史旧文，以寓新王经世之法。所以，王鲁非真以鲁为京师，以隐公为始受命王，但托诸《春秋》，以为新王。

第六节　《春秋》大一统

《公羊传》视《春秋》是一本拨乱反正的政书，开宗明义就宣示“大一统”，“大一统”是重视“一统”，以“一统”为大的意思。它蕴含着“讥世卿”（隐公三年夏）、“大夫无遂事”（桓公七年冬、庄公十九年秋）、“大居正”（隐公三年冬）、“王者无敌”（成公元年秋）、“王者无外”（桓公七年冬）、“王者无求”（桓公十五年春）、“什一”之制（宣公十五年秋）等义，是针对现实世界的乱象、乱行、乱制批导出一条平正的经世大道。

经：元年春王正月。（隐公）

传：何言乎王正月？大一统也。

“王正月”是指王的正月，正月是政月，新王施政教的开始，故说“大一统”，“大”是张大的意思。《汉书·路温舒传》记温舒上书汉宣帝云：“臣闻《春秋》正即位，大一统而慎始也。”（卷五十一）《春秋》正即位，就是重视一统于王之正月，表明慎始之义。董仲舒云：

王者必受命而后王，王者必改正朔，易服色，制礼乐，一统于天下，所以明易姓非继人，通以己受之于天也。王者受命而王，制此月以应变，故作科以奉天地，故谓之王正月也。（《春秋繁露·三代改制质文第二十三》）

王者必受天命，然后称王，新王必改变正朔，更改服色，制作礼乐，表明一统天下。新王之命非受之人，而是受之于天，故应天命以制作新的科条来供奉天地，所以叫做“王正月”。

《春秋》大一统者，天地之常经，古今之通谊也。今师异道，人异论，百家殊方，指意不同，是以上亡以持一统；法制数变，下不知所守。臣愚以为诸不在六艺之科孔子之术者，皆绝其道，勿使并进。邪辟之说灭息，然后统纪可一而法度可明，民知所从矣。（《春秋繁露·天人三策》）

董仲舒说“大一统”，落实于“统纪可一而法度可明”似有后世“统一”的味道。笔者发现从董仲舒以来，凡言“一统”必引《春秋》以为据，但看到李斯等臣说秦王，他们也不直说“统一”，而同称“一统”。可是深究他们所说的“法令由一统”，他们采取中央集权，以海内为郡县，法令一于君，等同汉以后所流行的“统一”观念。西汉博士所称《春秋》不外《公羊春秋》，其传《春秋》义必提“大一统”，李斯所言，或当习自其师荀子所传《春秋》义。今《公羊传》出自子夏，经五世口传，至汉景帝时，公羊寿与其弟子胡毋子都著于竹帛而来，其“一统”微言是如此相传，而不说“统一”必有道理。董仲舒本《春秋》博士，当通晓孔子所传“一统”义必非等同李斯辈所谓“统一”义，但他提出罢黜百家，独尊儒术之类似“统一”的言论，恐是《春秋》义之权宜解说，并非本义如此。根据笔者师承的了解，春秋是讲“一统”，不是讲“统一”，“一统”属王道，“统一”属霸道，这里的霸道如孟子所批判的，是不好的意思。但如果按《春秋》之义来讲，霸道还不错，至少霸道还讲信义。

第七节　《春秋》通三统

《公羊春秋》学中，何休《文谥例》以“新周、故宋、以《春秋》当新王”为一科三旨，以《春秋》当新王为新统，而前两代亦各为一统，是为三统，以三统为《春秋》义的前三旨，其旨在说明三统并存于世，谓之“存三统”。《春秋繁露》《汉书》称作“通三统”，通指道之流行，说明三统均来自天命。这三统说，《公羊传》没有明文，但董、何及汉儒均流行口说，事实上，它含藏在经文的书法中：

经：秋八月，庚辰，宋公和卒。（隐公三年）

经：冬杞伯来朝。（庄公二十七年）

宋乃殷后，王者之后称公。但杞亦夏后，亦王者后，为何不称公而称伯？《传》无说明，只在董仲舒、何休的师说中才透露出来。董仲舒《春秋繁露·三代改制质文》中说：

《春秋》曰：“杞伯来朝。”王者之后称公，杞何以称伯？《春秋》上绌夏，下存周，以《春秋》当新王。《春秋》当新王者奈何？曰：王者之法必正号，绌王谓之帝，封其后以小国，使奉祀之；下存二王之后以大国，使服其服，行其礼乐，称客而朝；故同时称帝者五，称王者三，所以昭五端，通三统也。

这就解答了“通三统”或“存三统”的内容。原来在“以春秋当新王”的情形下，讲明《春秋》王法，即所谓：“王者之法必正号，绌王谓之帝，封其后以小国，使奉祀之；下存二王之后以大国，使服其服，行其礼乐，称客而朝。”因杞为夏后，绌王为帝，封其后为小国，称伯使存奉祀，而宋为殷后，乃存二王后以大国，称公称客而朝，这个就是“通三统”。皮锡瑞《经学通论·春秋》上说：“《春秋》存三统，实原于古制。”是古时候通行之礼，《春秋》因之。孔子所行的《春秋》制并非创举，其因袭之，必有它的深意，不像后世对前朝赶尽杀绝，尚对前朝保留温情与敬意，使服其服，行其正朔，行其礼乐，称客而朝。就好比说民国已经建立了，对前清王后人尚保留一个特区，让他们依自己礼制去生活，这非常合乎人性的安排；从某个角度来看，存二王后，等于建立一个很好的文化生态区，裨益族群演化的考察。

此外，在经文的书写中，值得注意整本《春秋》经，为什么只书“春王正月，春王二月，春王三月”？只有春天的时候有王，其他月份上都没有，为什么？又为什么桓公在位十八年间有元、二年、十年、十八年有“王”，其他无“王”？原来这个地方都有微义。三代各自受命而王，王必有正月，其正月各有不同，有以子月为正月，有以丑月为正月，有以寅月为正月，这里就涉及三正说。以子月为岁首，那是周朝的正月；而周朝的二（丑）月等于殷朝的正月；周朝的三（寅）月等于夏朝的正月。古代历法以十二地支比配十二月，周政以子月为正月，殷政以丑月为正月，夏政以寅月为正月，三王之政各不同，故谓之三正，其实是三政。后代因为正月、元月、一月跟政月搞混淆了，才会造成诸多疑惑。三正属三统说中的内含，任何一个统代表受命之始，三代都曾为王，从历法上看，周之二月值殷之正月，周之三月值夏之正月，为表三统义，公羊家就从经文中找到根据。经：隐公三年，春王二月。何休《解诂》注云：“二月、三月皆有王者，二月——殷之正月也。三月——夏之正月也。王者存二王之后，使统其正朔，服其服色，行其礼乐，所以尊先圣，通三统。师法之义，恭让之礼，于是可得而观之。”所以凡王者必承天时，故称“春王”，缺“王”者，目中无王，有微言在。又王者必通三统，示天下非一家私有。《汉书·刘向传》记刘向曰：“王者必通三统，明天命所受者博，非独一姓也。”说得再清楚不过。

《汉书·董仲舒传》记《对策》第三，谈三代改制：

臣闻夫乐而不乱、复而不厌者谓之道；道者万世亡弊，弊者道之失也。先王之道必有偏而不起之处，故政有眊而不行，举其偏者以补其弊而已矣。三王之道所祖不同，非其相反，将以捄溢扶衰，所遭之变然也。故孔子曰：“亡为而治者，其舜虖！”改正朔，易服色，以顺天命而已；其余尽循尧道，何更为哉！故王者有改制之名，亡变道之实。然夏上忠，殷上敬，周上文者，所继之捄，当用此也。孔子曰：“殷因于夏礼，所损益可知也；周因于殷礼，所损益可知也；其或继周者，虽百世可知也。”此言百王之用，以此三者矣。夏因于虞，而独不言所损益者，其道如一而所上同也。道之大原出于天，天不变，道亦不变，是以禹继舜，舜继尧，三圣相受而守一道，亡救弊之政也，故不言其所损益也。繇是观之，继治世者其道同，继乱世者其道变。

董仲舒在这里论述三代之时，三王所推行的不同，可是并非相反，都是为了补救过失，扶助衰败而已。他们所行之所以有不同，是因为环境变化的缘故。所以孔子说：“无改变作为而能治理国家的，就是舜呀！”舜仅仅改变了正朔，改换了车马、祭牲、服装的颜色，来顺承天命罢了，其他完全遵循尧的治国之道，为什么要改变呢！所以，王者只改变制度的名称，没有改变道的实质。然而夏代推崇“忠”，殷代推崇“敬”，周朝推崇“文”的原因，也是因为朝代更替时，为了补救前代的过失而做的。孔子在《论语·为政》中说：“殷朝因袭夏代的礼制，有所增减，这是可以知道的；周朝因袭殷朝的礼制，有所增减，也是可以知道的；其后承继周朝而兴起的，虽然历经百代，这也是可以预知的。”这就是说，百王所用的就是“忠”“敬”“文”这三者。夏朝沿袭虞舜，却独独不说增减，是因为夏朝和虞舜的道是一样的；夏崇尚的“忠”和虞舜是相同的。董仲舒在这里讲三代之所以改制，是因为三代本身于道有失，如果没有失，治道就不用改变，那治道指什么？值得探讨。三代以前，公天下，行禅让，如天行四季，天不变，道亦不变，只有顺应天命，如舜之于尧，有改制之名，无易道之实，此继治世者，其道不改也；至于三代因有失于道，故继乱世必易其治道，为补偏救弊，而更改其制。

有关这一部分的道理，在《新唐书·儒学下·啖助传》说啖助善为《春秋》，考三家短长，缝绽漏阙，号《集传》，凡十年乃成，复摄其纲条，为例统，并谓孔子修《春秋》意如下：

夏政忠，忠之敝野；商人承之以敬，敬之敝鬼；周人承之以文，文之敝僿。救僿莫若忠。夫文者，忠之末也。设教于本，其敝且末；设教于末，敝将奈何？武王、周公承商之敝，不得已用之。周公没，莫知所以改，故其敝甚于二代。孔子伤之曰："虞、夏之道，寡怨于民；商、周之道，不胜其敝！"故曰："后代虽有作者，虞帝不可及已。"盖言唐、虞之化，难行于季世，而夏之忠，当变而致焉。故《春秋》以权辅用，以诚断礼，而以忠道原情云。不拘空名，不尚狷介，从宜救乱，因时黜陟。古语曰："商变夏，周变商，春秋变周。"而公羊子亦言："乐道尧、舜之道，以拟（俟）后圣。"是知《春秋》用二帝、三王法，以夏为本，不壹守周典明矣。又言："幽、厉虽衰，《雅》未为《风》。逮平王之东，人习余化，苟有善恶，当以周法正之。故断自平王之季，以隐公为始，所以拯薄勉善，救周之敝，革礼之失也。"

唐代啖助擅长《春秋》，考证左氏、穀梁、公羊三家学说的短处和长处，补漏填缺，撰有《集传》，认为左氏解释经义多有谬误，而公羊、穀梁二家其书出自孔子门人。有关三代改制的事，啖助认为，夏朝尚忠，但流弊是粗野；商朝人用敬来承继，但流弊是迷信鬼神；周朝以文来继承，其流弊是不真诚。救治文，则要回到忠。文是忠的末枝，周代把教化设立在末枝上，武王、周公那是不得已而用之。周公去世，没有人知道用什么来改正，因此它的弊病超过夏、商二代。孔子为此感伤说，唐、虞的教化，难以在末世实行，而夏朝的忠，应变通而致用。所以著《春秋》用权变来辅助施政，用诚来定礼，而用忠道来推究本情。不拘泥于空名，不崇尚拘谨自守，采取适宜的办法来拯救乱世，根据不同时间的具体情况来进退人才。因此，是"商变夏，周变商，春秋变周"。孔子"乐道尧、舜之道，以俟后圣"，作《春秋》以变周，用二帝、三王之法，以夏为本，不专守周典。这些说法大都本于董仲舒的说法，更体察了孔子之意。今儒熊十力于其《读经示要》卷三，对“通三统”曾如此诠释：

案统之为言，宗也、一也。言其统，一天下众志，而为天下之所共宗也。统以三：《春秋》当新王，一也。仲尼祖述尧舜，宪章文武，周之道为《春秋》所直接，故亲周，二也。宋者，商后。商汤承尧舜禹之道，而传至于周，以逮《春秋》，故亲周而不得不上及商，是以故宋，三也。三统原是一统。一者，仁也。《春秋》始于元，元即仁。虽随世改制，而皆本仁以为治。《春秋》当新王，即以仁道统天下也。由《春秋》而上溯周之文武，亦以仁道统天下也。又上推宋之先王成汤，亦以仁道统天下也。故《春秋》以仁垂统，而又推其统之所承，于是而亲周，而故宋。明《春秋》之统，绍于周先王，周之统又绍于宋先王，依次相承，假说三统，其实一以仁为统而已。

熊十力先生认为“存三统”是近太平世的作法，其实“三统原是一统。一者，仁也。《春秋》始于元，元即仁”。这样的解说不是没有根据，宋儒很多的讲法都是这样。熊先生是哲学家，秉承宋明儒学的讲法，把好的部分保留下来，认为《春秋》假说三统，其实是一统，即“一以仁为统而已”。“一”统就是壹于天地之“元”，天地之“元”就是“仁”，以“仁”为本体，这是从哲学角度来说的。我们毓老师早期也讲“仁”，后来都不怎么讲“仁”，也不完全按照熊先生的讲法，晚期本“变一为元”，特别讲“元”。《易》讲“元亨利贞”，以“元”为善之长也。《春秋》五始，亦以“元”为始，两经相通，具始于“元”，“元”就把两部经通贯起来。

第八节　《春秋》存三正

在《公羊春秋》学里，往往将“通三统”“存三统”或“存三正”“统三正”混同在一起，归结起来，还是从“春王正月”的“王”谈起。《春秋》王鲁以代周，明新王承天命而起，新王有新政，当改正朔、易服色、殊徽号等，表示一统天下。因有“一统”才有所谓“三统”，三统均受命而“王”天下，因此有所谓的新王与先王（旧王）之别，新王一、先王二合称三王。在“存三统”的礼制里，先王跟新王的关系有远近之分，故别称亲故。所以，才有“亲周、故宋、以《春秋》当新王”为一科三旨的说法。三王均承天命而王天下，就其共同点而言，均承天命而行，因此，叫作“通三统”。天命之所归处是德，有德者承受天命为王，熊十力先生特别强调三统原是一统，一统即仁统，这是从君德来说的；如果从民之所归往来说，就称作王。王正月，表大一统。“统”字依何休解作“始”，是开端的意思，而不是指统制。每个王都各有其正朔，表示受之于天而不受之于人，因此，其正朔是法天而行，问题是以天时的那个时间点为开端的问题。依天文历，以阳气始生开始分配十二地支作十二月，即以子月为正月者是周正，以丑月为正月者是殷正，以寅月为正月者是夏正。若夏正以寅月为正月，则十一月为周正，十二月为殷正。所以，“存三正”即等于同时保存三王之正月，也就是《春秋》书“春王正月”“春王二月”“春王三月”的寓意所在。正月除了含有王的一月外，最根本的是表示施政的始月，“正”其实亦通“政”，孔子说：“政者正也，子帅以正，孰敢不正。”董仲舒《春秋繁露·三代改制质文》也说：

其谓统三正者，曰：正者、正也。统致其气，万物皆应而正，统正，其余皆正。凡岁之要在正月也。法正之道，正本而末应，正内而外应，动作举错，靡不变化随从，可谓法正也。

凡岁之首要在正月，其言正重点在法正，所以于其说“正月”（一月）不如说是始政之月。始政之月，三代取法不同。何休《解诂》上说：

夏以斗建寅之月为正，平旦为朔，法物见，色尚黑；
殷以斗建丑之月为正，鸡鸣为朔，法物牙，色尚白；
周以斗建子之月为正，夜半为朔，法物萌，色尚赤。

孔子借鲁史作《春秋》，其意在表新王致太平之《春秋》制，即行夏之时，亦即法夏，以寅月为正，平旦为朔，法物见，色尚黑。有关正朔有三，各有何依据，还是在法天。汉代《白虎通·三正》有很好的阐释：

正朔有三何？本天有三统，谓三微之月也。明王者当奉顺而成之，故受命各统一正也，敬始重本也。朔者，苏也，革也，言万物革更于是，故统焉。《礼三正记》曰："正朔三而改，文质再而复也。"三微者，何谓也？阳气始施黄泉，动微而未着也。十一月之时，阳气始养根株黄泉之下，万物皆赤，赤者，盛阳之气也，故周为天正，色尚赤也。十二月之时，万物始牙而白。白者，阴气，故殷为地正，色尚白也。十三月之时，万物始达，孚甲而出，皆黑，人得加功，故夏为人正，色尚黑。《尚书大传》曰："夏以孟春月为正，殷以季冬月为正，周以仲冬月为正。夏以十三月为正，色尚黑，以平旦为朔。殷以十二月为正，色尚白，以鸡鸣为朔。周以十一月为正，色尚赤，以夜半为朔。"不以二月后为正者，万物不齐，莫适所统，故必以三微之月也。三正之相承，若顺连环也。孔子承周之弊，行夏之时，知继十一月正者，当用十三月也。

《春秋》书"王"在"春"下有正月、二月、三月者，借鲁史旧文之周正以表"存三正"，或云"统三正""通三微"是"重三正""慎三微"的表现。因历法是施政的基准，其取法天时不同，亦表示为政的礼有异，统的内容有别。《春秋》以一统为大，新王继起必有其正月，但存其旧统，将二王后封为小国，爵公，称客而朝，并存在新统中，显示其包容、取法、尊礼之义。新王之继起，受命于天，不受之于人，而"通三统"或"存三正"之制，亦显天命所受者博，非独一姓。可见《春秋》王鲁，其制本乎天下为公，施设三阶段以登太平；在未入太平之前，采取了三统并存而以新统为大的设计，是摄多统于一统之中，此"一统"绝非"统一"之专制可知。读《春秋》者对此不可不审慎辨明。

第九节　《春秋》法文王

整本《春秋》经但书"王"，不书"文王"。在传文的解读中，《左传》解"王正月”作“王周正月”。从历史角度来讲，这“王”是指周王，更明确地说，当指“周平王”，可是在《公羊传》中说：“王者孰谓？谓文王也。”但“文王”又何指？在何休《解诂》中解说此传时说：“文王，周始受命之王，天之所命，故上系天端，方陈受命，制正月，故假以为王，不言谥者，法其生，不法其死，与后王共之，人道之始也。”完全将周文王当作一个有德行的典范之一而已，着重在德行，不在其人，仅法其在生时所表现的德行，而不是就已死的姬昌说的，所说之“文”是德称，通百世之王。公羊家心目中的《春秋》是一本经世书，它从如何能受命为王的条件来说的。从周之始受命王，称其德所立的法度，均成为经世大法。春秋五霸之所以称其为霸，就在他能尊王攘夷。《春秋》奖霸道，推尊王道，最终在尧舜之道，这是《春秋》的致治法式。但不管如何，在具体的例子上，文王是五霸的典范，尧舜是文王的典范，而文王居于其中的经世位阶上。孔子借周文王以讲《春秋》文中之王（理想王），《春秋》的“王”是孔子托寓受命改制的理想王，其实也就是孔子自己。

经：元年，春，王正月。

传：元年者何？君之始年也。春者何？岁之始也。王者孰谓？谓文王也。曷为先言王而后言正月？王正月也。何言乎王正月？大一统也。公何以不言即位？成公意也。何成乎公之意？公将平国而反之桓。曷为反之桓？桓幼而贵，隐长而卑，其为尊卑也微，国人莫知。隐长又贤，诸大夫扳隐而立之。隐于是焉而辞立，则未知桓之将必得立也。且如桓立，则恐诸大夫之不能相幼君也，故凡隐之立为桓立也。隐长又贤，何以不宜立？立适以长不以贤，立子以贵不以长。桓何以贵？母贵也。母贵则子何以贵？子以母贵，母以子贵。

《春秋》经的经世大法就从“王”之受命为关键，接着谈改正朔，明一统。并借隐公不书即位上，谈起了国家君位的继承制度，即“立适以长不以贤，立子以贵不以长”。并特别推崇“让”德。孔子对文王赞其“三分天下有其二，以服事殷，周之德，其可谓至德也已矣”（《论语·泰伯》），甚至还追崇到文王的伯父——泰伯，亦有“三以天下让”之德。周朝以宗法封建治国，其制有常，亦有以让以遂其变，隐公之于桓公有让之心，深得孔子言“王”之意，故其经世治法以文王为典范，可以肯定无误。《传》中屡发“王”义，可以据此而通达。如：

经：春，毛伯来求金。（文公九年）

传：毛伯者何？天子之大夫也。何以不称使？当丧未君也。逾年矣，何以谓之未君？即位矣，而未称王也。未称王，何以知其即位？以诸侯之逾年即位，亦知天子之逾年即位也。以天子三年然后称王，亦知诸侯于其封内三年称子也。逾年称公矣，则曷为于其封内三年称子？缘民臣之心，不可一日无君；缘终始之义，一年不二君，不可旷年无君；缘孝子之心，则三年不忍当也。毛伯来求金何以书？讥。何讥尔？王者无求，求金，非礼也。然则是王者与？曰：非也。非王者，则曷为谓之王者？王者无求。曰：是子也，继文王之体，守文王之法度，文王之法无求而求，故讥之也。

按周襄王于鲁文公八年八月崩殂，其子周顷王逾年即位，依礼“天子三年然后称王”，故此时不称“王使毛伯来”。今书“毛伯来”当知是承天子之意，何况是来“求金”的。可是依文王之礼，“王者无求，求金，非礼也”。所以，经书写此事是有意对天子表示讥讽，讥讽周天子非礼。从这条经文的书写，蕴含孝道如何实践，君位继承的礼法以及文王之体制与法度。文王之法度事实如何，我们不得而知，但从传文中得知有“文王之体”“文王之法度”是孔子的《春秋》制，有效法文王所立的法度处，归纳地提出“王者无求”的礼。接着，再举一例，说明战争也要依礼而行：

经：冬，十有一月己巳朔，宋公及楚人战于泓，宋师败绩。（僖公二十有二年）

传：偏战者日尔，此其言朔何？《春秋》辞繁而不杀者，正也。何正尔？宋公与楚人期战于泓之阳，楚人济泓而来。有司复曰：“请迨其未毕济而击之。”宋公曰：“不可。吾闻之也：君子不厄人。吾虽丧国之余，寡人不忍行也。”既济，未毕陈。有司复曰：“请迨其未毕陈而击之。”宋公曰：“不可。吾闻之也：君子不鼓不成列。”已陈，然后襄公鼓之，宋师大败。故君子大其不鼓不成列，临大事而不忘大礼。有君而无臣，以为虽文王之战，亦不过此也。

宋襄公跟楚人打这个仗，是择期而战的偏战，依书法记日即可，为何这里还加上“朔”？是详细记载这件事，为何要详细记载，究竟有什么用意呢？是一件值得推崇的正当事，所以，《春秋》在用辞上宁愿繁多而不减省。说此事究竟如何正当？宋襄公在泓河北岸等楚人渡过河来战，在楚人渡河的时候，有司一再说：“趁对方尚未完全渡河就攻击吧！”宋公说：“不行！吾听说：君子趁人之危。吾虽然吃过几乎丧国的亏，吾还是不忍心这样做。”等到楚军渡过河，还未摆好阵势，有司又一再说：“趁他们还没摆好阵势就攻击吧！”宋公说：“不行，吾听说：君子在军队未整队好时不打鼓。”等摆好了阵势，宋公才发令打鼓。结果宋军大败。所以，君子表彰宋公这种不鼓不成列、碰到大事都还不忘大礼的行为。可惜有这样作为的国君却没有像样的臣子来配合，注定不行。君子以为虽文王之战，也不会超过宋襄公这样的作为。打仗求胜如果还讲礼，那是要有条件配合才行，一味地守礼，结果不打输才怪。可是孔子针对这件事还特别表彰宋襄公的作为，为了什么？我想在那个不讲礼的时代，居然还有人讲礼，纯就讲礼而言，就值得赞赏啊！还不忘提说“虽文王之战亦不过此也”，这不是推崇文王吗？

传文解“王”为“文王”，是借“文王”来讲“文”“王”之宏义，历史中的周文王只是个楔子。文中屡发“王者无外”（隐公元年、桓公八年、僖公二十四年、成公十二年）、“王者无敌”（成公元年）、“王者无求”（桓公十五年、文公九年）之义。此“无外”“无敌”“无求”等俱是“文”，其体为“王”。“文”乃王之用，“王”乃文之体。

第十节 《春秋》王义辩

《春秋》“春王正月”之“王”当如何解读？这涉及如何对待《春秋》一书有关。跟据先前的讨论，三传的立场不同，对“王”义的诠释必有不同。把《春秋》当鲁史，则“王”必为时王，如《左传》解“正月”作“周正月”，则此正月必归属周王的正月，在鲁隐公时为周平王，乃至鲁哀公时为周敬王可知。《穀梁传》于此无解，依范宁《集解》作：“隐公之始年，周王之正月也。杜预曰：‘凡人君即位，欲其体元以居正，故不言一年一月也。’”如此看来，亦同《左传》作时王解，虽然曾在《经》“庄公三年夏五月葬桓王”，《传》云：“其一曰：王者，民之所归往也。”是释王之通义，实非专指。但是《公羊传》就明白指出：“王者孰谓？谓文王也。”但此“文王”何所指？何休先释“文王”为“周始受命之王”，这样是专指姬昌，但其后又说：“不言谥者，法其生，不法其死，与后王共之”。则明显又转向通义，不专指姬昌，而指任何一个王者只要具有“文”德都可称“文王”，也就是“文德之王”。

《中庸》记：“《诗》云：‘维天之命，于穆不已。’盖曰天之所以为天也。‘于乎不显，文王之德之纯。’盖曰文王之所以为文也，纯亦不已。”其中的“文王”是专指姬昌，并推究姬昌之所以称“文王”的原因，就在于他具有“文”德。所以，凡具有文德之王均可称为“文王”，才是《春秋》言“王”的本义。

董仲舒在《春秋繁露·三代改制质文》引《传》文，不明指“文王”为何，但明“《春秋》应天作新王之事，时正黑统，王鲁尚黑，绌夏亲周故宋”。是以《春秋》当一代之治，以《春秋》当新王，在《春秋》行文上，称为“王鲁”，亦即托鲁隐公为始受命王，讲明新王改制的道理。另《汉书·董仲舒传》引《对策》云：“孔子作《春秋》，先正王而系万事，见素王之文焉。”这样说来，董仲舒有意以《春秋》之“新王”解《传》之“文王”，不是专指“周始受命王”。如果是专指周文王，那就没有所谓“王鲁”，也不会有以《春秋》应天作新王改制的事。《春秋》既为代周而兴，新王必改制，必亲周而故宋，为董仲舒解《春秋》文中之“王”的根本旨趣。就此而言，《春秋》之“王”即“文王”亦即新王。而《春秋》为孔子所作，是“素王”之“文”。此“素王”指孔子，而“文”不必指《春秋》之文（文辞），而是作动词，指“经纬天地曰文”的“文”，即经世义。

晋时王愆期注《公羊》云：“《春秋》制，文王指孔子耳，非周昌也。”可说是以孔子作《春秋》，立《春秋》制，直接以“文王”（经世之王）为孔子，明显地取“文王”之通义，承接董仲舒的《春秋》义，道破《公羊春秋》最真实的用义，其他的说法都是属于比况、假借的权说。

自唐孔颖达以下，对于此问题的论辩，还是离不开《春秋》之“王”是时王，或是文王。在《公羊》学统中，“文王”有特指“周文王”，故只许孔子“法文王”

者，而不许“孔子为文王”，或直道“文王即孔子”者。今人蒋庆《公羊学引论》[1]有专章《〈春秋〉孔子为王辩》讨论，甚为详明，可供参考。

蒋庆在书中申论董仲舒，阐明王愆期，推广康有为以“孔子为文王”的见解，直是道破《公羊春秋》学的根柢。由于《春秋》是一本借事明义的书，所述的是鲁国史事，必然在解释的时候要考虑到历史人物的具体指谓，但别忘它只是个例子，所要讲明的是不受具体事物的道理，因此，在讲“公即位”“成公意”的时候，“公”不仅仅在鲁隐公人物上说，而是就公之所以为公上说，示为政之治道上说，这是《春秋》的旨意。同样地，当提到“文王”的时候，不要只想到周文王，而忘了周文王之所以为“文王”。“文王”即是“文”之“王”，“文”是经纬天地，“王”是天意所嘱，民意所归而受命改制者。孟子说：“孔子作《春秋》，《春秋》，天子之事也。”其意指孔子作了天子应作的事，《春秋纬》屡称孔子“立《春秋》，制素王，授当兴”，“作《春秋》，以改乱制”，“作《春秋》，以改乱政”，董仲舒称“孔子作《春秋》，先正王而系万事，见素王之文焉”，均指孔子作《春秋》，做了王者立法改制的事，孔子实际上并未当王，有德无位故称素王。孔子说：“知我者其惟《春秋》乎？罪我者其惟《春秋》乎？”就针对这件作《春秋》的事来说的。

《论语·子罕》孔子自谓“文王既没，文不在兹乎？”又《八佾》曾谓：“周监于二代，郁郁乎之文哉！吾从周”。可见孔子早年法文王而以“文”自我承担，在继周的改制立法上特取乎“文”，这样公羊家视孔子为“文王”是有相当的理由。反过来说，将《公羊传》中的“文王”解作孔子亦非没有根据。这样从《春秋》“春王正月”的“王”，《传》文解作“文王”。公羊家依《春秋》正名思想，解名谓不限于具体事物，就其本义而言，“王”非特指时王，“文王”亦非专指姬昌，而是通于具有文德而作《春秋》的孔子视为“文王”，或称为“素王”，所以，就《春秋》而言，“王”“文王”“素王”、孔子是可以通而为一。只是在公羊家的各种说法当中，把“孔子作《春秋》”的“春秋”有时作为“已修《春秋》”的经书，有时当作继周的新王，有时当作继周的新朝代，随文取义，容易混淆，如果把这些弄清楚，应该是不会有疑惑。

---

① 蒋庆，《公羊学引论》（沈阳：辽宁教育出版社，1995 年），页 357–365。

总之,《春秋》“春王正月”之“王”,《传》解作“文王”，是孔子作《春秋》所托以经世的理想王。董仲舒据此发“王鲁”“新王”弘义，何休释“文王”，是借姬昌以法其文德。后世学者执着名相，生出许多纠谬，其实只要知道孔子作《春秋》是以“托”的方式，贯彻借事明义，即具体表抽象，个体表普遍的原则，就可祛惑。而后世之所以有疑惑产生，就是不明“文王”（姬昌）——文王（德业）其间关系的缘故，以为一名必指一实，殊不知名有殊共，同名异指的情形。在公羊家的思想中，此王即文王，文王即孔子。《春秋》经传乃孔子所传，其中所书、所制、所言均是孔子所托以经世的思想。凡传文中，言“辟王”（庄公五年）、“不敢胜天子”（庄公六年）、“从王”（桓公五年）是尊“王”，以“王”为正，均孔子假乎文王以言“王”义、“一统”义。一统非易达也，有能于一统于王之义而致力者，《春秋》褒之，其典范人物不外齐桓公、晋文公、宋襄公、秦穆公、楚庄王，以下略述之。

第十一节　尊王攘夷，信义成霸

春秋时代，王道衰微，先后有五霸攘夷，维护天下。“五霸攘夷”靠的是尊王的口号。《公羊传》透过五霸的尊王来表示诸侯不得专擅，遵守王跟诸侯之间的分际。王之所以为王就是以德王天下、以礼乐文明治天下，夷狄之所以为夷狄就是恃力仗势，欠缺礼乐文明，而霸者之所以为霸，就是懂得尊王，维护华夏文明。攘夷其实就是为了维护华夏文明的礼义传统。以下讲的五霸为齐桓公、晋文公、宋襄公、秦缪公、楚庄王。

首先是齐桓公：

经：冬，公会齐侯，盟于柯。（庄公十三年）

传：何以不日？易也。其易奈何？桓之盟不日，其会不致，信之也。其不日何以始乎此？……桓公之信著乎天下，自柯之盟始焉。

齐桓公成为霸首，主要是从齐桓公信守与鲁公的柯之盟开始的。明明受曹刿胁迫而立的盟约可以违背，齐桓公却不欺骗，对劫君的曹刿可以记雠，却不怨恨，从此齐桓公的信誉昭著天下。孔子透过书法对这齐桓公柯之盟这件事表现出褒奖的态度。按《春秋》书法，“大信时，小信月，不信日”，此盟不书日，表示此次盟会平安无事，为什么说平安无事？因为齐桓公的盟会不写日期，也没有写从何处到来，表示对齐桓公与盟的信任，不管如何，只要齐桓公承诺的事都不用怀疑，因此，《春秋》对齐桓公的盟会不书写日期，就从柯之盟开始。

经：齐师、宋师、曹师次于聂北，救邢。（僖公元年）

传：救不言次，此其言次何？不及事也。不及事者何？邢已亡矣。孰亡之？盖狄灭之。曷为不言狄灭之？为桓公讳也。曷为为桓公讳？上无天子，下无方伯，天下诸侯有相灭亡者，桓公不能救，则桓公耻之。曷为先言次而后言救？君也。君则其称师何？不与诸侯专封也。曷为不与？实与而文不与。文曷为不与？诸侯之义不得专封也。诸侯之义不得专封，则其曰实与之何？上无天子，下无方伯，天下诸侯有相灭亡者，力能救之，则救之可也。

《传》释经为什么先写“次”后写“救”？按理说，三国联军“救”邢国不会写“次”（驻留）在聂邑的北边，如果写了“次”就表示来不及“救”邢国了，因为邢已经亡国了。是谁灭的？是狄人。为什么不说给狄人灭了？是为齐桓公隐讳。为什么要为齐桓公隐讳？因为上没有天子，下没有方伯，天下诸侯有相灭亡的，齐桓公不能救，会深感羞耻。那为什么先写“次”后写“救”？因为是国君。是国君为什么称“师”（军队）？因为不赞许诸侯擅自封国，为什么不赞许？实际上赞许，而文字上不赞许。文字上为什么不赞许？因为诸侯按礼法不可擅自封国。既然诸侯按礼法不可擅自封国，为什么实际上却赞许？因为上没有天子，下没有方伯，天下诸侯有相互灭亡的，力量能救，就去救了。《春秋》在礼法上尊王，不赞许诸侯专讨、专封，但是在特殊情形下，是赞许专封、专讨的。换句话说，《春秋》借齐桓公讲明守经（尊王）与行权（专擅）的经世道理。

经：楚屈完来盟于师，盟于召陵。（僖公四年）

传：楚有王者则后服，无王者则先叛。夷狄也，而亟病中国，南夷与北狄交。中国不绝若线，桓公救中国，而攘夷狄，卒怗荆，以此为王者之事也。

楚国在中原有王者的时候，是最后一个臣服的，而无王者的时候，就率先反叛。楚国作为夷狄，屡次危害中原国家。在那个时代，南夷与北狄交替扰乱华夏诸国，使中原国家如将断的细线一般，而齐桓公能救援中原国家，攘除夷狄，最终能使楚国贴服，做了属于王者所做的事。

经：夏，灭项。（僖公十七年）

传：孰灭之？齐灭之。曷为不言齐灭之？为桓公讳也。《春秋》为贤者讳。此灭人之国，何贤尔？君子之恶恶也疾始，善善也乐终。桓公尝有继绝、存亡之功，故君子为之讳也。

灭人之国本是大恶，经文不写谁灭了项，其实是齐国灭的，为什么不写齐国灭的？是为齐桓公讳。为什么避讳呢？《春秋》为贤者避讳，而桓公是贤者。君子对恶行的憎恶，始于恶行之初，而对善行的褒扬，高兴到他终了。齐桓公曾经有尊王攘夷、继绝存亡的功勋，所以，君子为他隐讳。

晋文公：

经：夏，四月己巳，晋侯、齐师、宋师、秦师及楚人战于城濮，楚师败绩。（僖公二十八年）

传：此大战也，曷为使微者？子玉得臣也。子玉得臣则其称人何？贬。曷为贬？大夫不敌君也。

城濮之战是晋文公会合晋、齐、宋、秦四国军队战打败楚国的军队，阻止楚国侵入中原。所以这里贬楚将子玉得臣为“人”，因为大夫不能与晋君对等相称。何休注云：“臣无敌君战之义，故绝，正也。秦称师者，助霸者征代，克胜有功，故褒进之。”《春秋》借此大夫不与君敌表明战争的对等伦理。

经：公朝于王所。（僖公二十八年）

传：曷为不言公如京师？天子在是也。天子在是，则曷为不言天子在是？不与致天子也。

晋文公为了称霸，召天子来践土，要诸侯朝见，以此召集各诸侯在践土会盟。因此《春秋》在这里书写“公朝于王所”，表示不赞同晋文公以臣召天子的行为，但同时反映晋文公称霸之实。

经：天王狩于河阳。（僖公二十八年冬）

传：狩不书，此何以书？不与再致天子也。

这里晋文公又召天子到河阳，要诸侯朝见。

经：晋人执卫侯归之于京师。（同上）

传：此晋侯也，其称人何？贬。曷为贬？卫之祸，文公为之也。

晋文公的霸业在《公羊传》中并没有给予更多的言辞，但是晋侯使楚国臣服的功业是历历可见的。然而晋文公所成的霸业，与齐桓公相比，孔子却有“晋文公谲而不正，齐桓公正而不谲”的评价。

宋襄公：

经：春，王正月，宋公会曹伯卫人邾娄人，伐齐。夏，师救齐。五月戊寅，宋师及齐师战于甗，齐师败绩。（僖公十八年）

传：战不言伐，此其言伐何？宋公与伐而不与战，故言伐。《春秋》伐者为客，伐者为主。曷为不使齐主之？与襄公之征齐也。曷为与襄公之征齐？桓公死，竖刁、易牙争权不葬，为是故伐之也。

此处赞同宋襄公征伐齐国。那为何赞同宋襄公征伐齐国？因为齐桓公死后，竖刁与易牙等只顾争权，不安葬齐桓公，因此宋襄公征伐他们。由此可知宋襄公征伐齐国是仁义的行为，具有伯讨性质。

经：冬，十有一月己巳朔，宋公及楚人战于泓，宋师败绩。（僖公二十二年）

传：偏战者日尔，此其言朔何？《春秋》辞繁而不杀者，正也。何正尔？宋公与楚人期，战于泓之阳。楚人济泓而来。有司复曰："请迨其未毕济而击之。"宋公曰："不可。吾闻之也：君子不厄人。吾虽丧国之余，寡人不忍行也。"既济，未毕陈，有司复曰："请迨其未毕陈而击之。"宋公曰："不可。吾闻之也：君子不鼓不成列。"已陈，然后襄公鼓之，宋师大败。故君子大其不鼓不成列，临大事而不忘大礼，有君而无臣，以为虽文王之战，亦不过此也。

这是著名的泓之战，讲的是宋国与楚国打仗，宋襄公也要称霸攘夷。有人建议宋襄公说，趁楚国的军队还没过完河，是不是就在中途把他消灭掉？宋襄公说不，等他们都过了河，摆好阵势，正式再打，结果宋国打输了。打仗哪有这样打的？可是《春秋》怎么说呢？"君子大其不鼓不成列，临大事而不忘大礼。"是指君子重礼，宋襄公虽有以信义成霸的心，可是做不到。但在大家都不讲礼义的时候，宋襄公遵守战争之礼，具有仁心，可惜国君有心而无臣子促成，终于失败，可是还是赞美他，以为即使是文王之战，也不过如此。

秦缪公：

经：秦伯使遂来聘。（文公十二年）

传：遂者何？秦大夫也。秦无大夫，此何以书？贤缪公也。何贤乎缪公？以为能变也。其为能变奈何？"惟諓諓善竫言。俾君子易怠，而况乎我多有之，惟一介断断焉无他技，其心休休，能有容。"是难也。

此段秦缪公的话，引自《尚书·秦誓》，但多少有点出入。"是难也"非原《尚书》文，恐是《传》文。据何休注解云：諓諓，浅薄之貌。竫，犹撰也。易怠，犹轻惰也。断断，犹专一也。他技，奇巧异端也。休休，美大貌。《传》文释经，遂是秦大夫，原秦国没有大夫，《春秋》称"使"，是许可有大夫，为了秦缪公有贤德的缘故，他有什么贤德？因为他能自我变悔。怎说他能自我变悔？《尚书》

记载了秦缪公自誓："浅薄之人善于编造谎言，让君主轻易怠惰，我哪有闲亲近这些人呢！思念臣子专一而无奇巧，心胸美大，能纳忠言。"这种变悔多么难能可贵。何休注云："秦缪公自伤前不能用百里奚、子蹇叔子之言，感而自变悔，遂霸西戎，故能聘中国，善而与之，使有大夫。"认为秦缪公能自悔，从殽之战的失败中吸取教训，称霸西戎，进而与中原诸国相往来，值得褒奖，所以《春秋》才称"使遂来聘"。

楚庄王：

经：冬，十月，楚人杀陈夏征舒。（宣公十一年）

传：此楚子也，其称人何？贬。曷为贬？不与外讨也。不与外讨者，因其讨乎外而不与也，虽内讨亦不与也。曷为不与？实与而文不与。文曷为不与？诸侯之义，不得专讨也。诸侯之义不得专讨，则其曰实与之何？上无天子，下无方伯，天下诸侯有为无道者，臣弑君，子弑父，力能讨之，则讨之可也。

夏征舒弑陈灵公君，楚庄王讨伐他，人人都知道楚庄王做得对，值得肯定。但是《春秋》在此还是贬他，称"人"不称"子"，为什么呢？因为不赞成他外讨。《春秋》运用"实与文不与"的书法，实际上是赞同楚庄王讨伐夏征舒，但文辞上不赞同。文辞上为什么不赞同？诸侯之义，不得擅自征讨。诸侯不得擅自征讨，但这里实际上却赞同。因为当时，上无天子，下无方伯，天下诸侯有为无道的、臣弑其君的、子弑其父的，只要诸侯有能力去征讨，都可以去征讨。

经：夏，六月，乙卯，晋荀林父帅师，及楚子战于邲，晋师败绩。（宣公十二年）

传：大夫不敌君，此其称名氏以敌楚子何？不与晋而与楚子为礼也。……庄王曰："……是以君子笃于礼而薄于利，要其人而不要其土……"既则晋师之救郑者至。曰："请战。"庄王许诺，将军子重谏曰："晋大国也，王师淹病矣，君请勿许也。"庄王曰："弱者吾威之，强者吾辟之，是以使寡人无以立乎天下。"令之还师，而逆晋寇。庄王鼓之，晋师大败。晋众之走者，舟中之指可掬矣。庄王曰："嘻！吾两君不相好，百姓何罪。"令之还师，而佚晋寇。

大夫与国君不对等，经书荀林父之名，使之与楚子对等，是为什么呢？是不赞许晋而赞许楚子为知礼。楚庄王曰："……所以君子笃厚礼义，而薄贱利益，降服其人，而不强占他们的土地……"之后晋国救援郑国的军队到了，说："请战。"楚庄王许诺。将军子重进谏道："晋是大国，我军已经困顿很久了，君王请不要许诺。"楚庄王说："弱小的人，我就威慑他们；强大的人，我就躲开他们，这样怎么能使我在天下立足呢？"于是命令军队调头，迎战晋寇。楚庄王擂鼓，晋军大败。晋国逃亡的士兵争抢扒船，船中被砍断的手指，可以用双手捧起。楚庄王说："哎！是我们两个国君不相好，百姓有什么罪过。"下令军队返回，放任晋军逃亡。《春秋》于邲之战，称楚庄王为楚子，是对楚王实践君子之道，表示赞许。

霸者，在《春秋》传文中是用"伯"字，其实"霸"是"伯"的假借字。《白虎通·号》释云："霸者，伯也。行方伯之职，会诸侯朝天子，不失人臣之义，故圣人与之，非明王之法不张。"《礼记·经解》云："发号出令而民说谓之和，上下相亲谓之仁，民不求其所欲而得之谓之信，除去天地之害谓之义。义与信，和与仁，霸王之器也。"依此信义之所以成霸，仁和之所以成王也。孟子批评霸是立足于王道之义，与孔子答许霸之尊王义，两者是不同的。《公羊传》义之推阐有阶段性，由"实与而文不与"到"文与"，再由"文与"到尧舜之道，这类同孔子所谓"齐一变，至于鲁，鲁一变，至于道"（《论语·雍也》）。上述五霸以齐桓公为首，以彰显齐桓以信义立功乎天下；而其他霸者也各有他们的功德，如晋文有伯讨之功，宋襄有仁，秦缪有智，楚庄有勇，在在发现《春秋》坚持以礼义为中心的王霸思想。

第六讲　居正义、讥世卿义

《春秋》的精神就是一个『正』字，『正』字依《说文》『是也。从一，一以止』，这个『正』上面是『一』，下面是『止』，这个『止』，就是脚，指行动，脚的行动踩到什么地方才是对的，踩到『一』，以一为标准，这就是正的。正的背后就是一。『一』就是一开始，万事一开始，慎始诚终，那个始就是一。《春秋》又有『变一为元』之义，言『一』必归本于『元』，更显发《春秋》的微言。

很多人讲《春秋》“居正义”“讥世卿义”，但是没有特别把它彰显出来。笔者读《春秋》，读来读去，觉得《春秋》的精神就是一个“正”字，于是特别把这个“正”字挑出来讲。“正”字依《说文》“是也。从一,一以止”。毓老师说这个“正”上面是“一”，下面是“止”，像《大学》里面“为人君，止于仁；为人臣，止于敬；为人子，止于孝；为人父，止于慈”，即止乎其所止。这个“止”，就是脚，指行动，脚的行动踩到什么地方才是对的，踩到“一”，以一为标准，这就是正的。换句话说，正的背后就是一。“一”就是一开始，万事一开始，慎始诚终，那个始就是一。《孟子》上说“天下恶乎定？定于一”，《大学》里讲“知止”，均与《春秋》之“大一统”“大居正”义相关。而《春秋》又有“变一为元”之义，言“一”必归本于“元”，更显发《春秋》的微言。

第一节 《春秋》大居正

《春秋》讲“君子大居正”，这个“大”字是强调、重视的意思，“居正”，以正居之，守正的意思，说一个人的所作所为，动心忍性，都要守住这个“正”。“正”有“贞固、贞定、原则”的意思，要理解“正”，就要透过“中”来说明。王者法天，就是要守中，往上要合天时（春），往下正诸侯，施政要止于一，这些都在前讲的五始义中。

我们来解读一下经文：

经：秋，八月庚辰，宋公和卒。

冬，十有二月，齐侯、郑伯盟于石门。

癸未，葬宋缪（穆）公。（隐公三年）

传：葬者曷为或日或不日？不及时而日，渴葬也；不及时而不日，慢葬也。过时而日，隐之也；过时而不日，谓之不能葬也。当时而不日，正也。当时而日，危不得葬也。此当时何危尔？宣公谓缪公曰："以吾爱与夷，则不若爱女（汝）；以为社稷宗庙主，则与夷不若女（汝），盍终为君矣？"宣公死，缪公立，缪公逐其二子庄公冯与左师勃，曰："尔为吾子，生毋相见，死毋相哭。"与夷复曰："先君之所为不与臣国而纳国乎君者，以君可以为社稷宗庙主也。今君逐君之二子而将致国乎与夷，此非先君之意也。且使子而可逐，则先君其逐臣矣。"缪公曰："先君之不尔逐可知矣，吾立乎此摄也。"终致国乎与夷。庄公冯弑与夷。故君子大居正，宋之祸宣公为之也。

《经》"秋，八月庚辰，宋公和卒"，何休注云："不言薨者，《春秋》王鲁，死当有王文。圣人之为文辞孙顺，不可言崩，故贬外言卒，所以褒内也。宋称公者，殷之后也。"宋公名字叫和，宋公是诸侯，死应称"薨"。但《春秋》是孔子"以春秋当新王"的立场来写的，托鲁公为王，宋公自然不能与鲁公同等级，宋公死了，理当有王文，称"薨"。但经文怎么称"卒"呢？是为了抬高鲁公一级；相对地，鲁公死了，写"薨"不写"卒"，但托鲁公为王，死了当称"崩"。何休说圣人为文辞逊顺，透过贬外的方式来表达这层意义。所以，经文中鲁国十二个国君死了都不称"卒"，而称"薨"，而与鲁国同等级的别国国君死了，却不写"薨"而写作"卒"，为什么？"卒"是降一级，光这一条，就知道必有微言在。王鲁就是借鲁国君为《春秋》经世的一个新王，文中托鲁隐公为始受命王。依《春秋》笔法，贬外褒内只是个手段，不是目的。孔子为文逊顺，鲁隐公死了维持"薨"文，较其他诸侯，显然高出一级，道理就在这里。所以，透过笔法读《春秋》，从字里行间就可以洞察其中的微言大义。不懂笔法就不知其所以然，会认为没有什么好读的，哪知是没弄懂"卒""薨"的差别所致。何休的"不言薨者，《春秋》王鲁"就是把这个微言宣泄出来。

《春秋》王鲁，即"亲周故宋，以《春秋》当新王"，因"故宋"，宋公死"死当有王文"，圣人文辞逊顺，不可言"崩"，故贬外言"卒"。循礼，天子死言"崩"，但既然王鲁，鲁国国君死了，当用“崩”，可是孔子不好这样写，毕竟现实上鲁公只是诸侯，不是“天子”，不好用“崩”。为了维持名分，鲁君死了还是用“薨”，那对外怎么讲王鲁义，只好把外国家贬低一级，用“卒”来呈现鲁是高一等级。

“葬者曷为或日或不日？”国君安葬为什么有的写日期，有的不写日期？不及时而日，是急于下葬；不及时而不日，是草率下葬；过时而日，是有不可告人的事情在里面。“过时而不日，谓之不能葬也”，是国家发生严重事故，不能如期安葬。“当时而不日”才是合礼的、正常的，什么叫“当时而不日”？就是诸侯死后过了五个月下葬，才是合礼的，合礼的照例不书写日期。但是经记葬宋缪公，却书写日期，表示“危不得葬”，国家有危难，险些不得葬。《春秋》运用书法，反映了背后存在的故事。

当初宋宣公临死前，不把君位传给儿子与夷，而传给弟弟宋缪公，说：“以吾爱与夷，则不若爱女（汝）；以为社稷宗庙主，则与夷不若女（汝）。”缪公即位后，就驱逐他的两个儿子庄公冯和左师勃，说“生勿相见，死勿相哭”，目的是想把君位传回给侄子与夷。与夷禀告说：“先君之所以不把国家交给臣下，而交给您，是因为您可以做社稷宗庙之主。现在您驱逐您的两儿子，将要把国家交给与夷我，这不是先君的意思。况且假使儿子是可以驱逐的，那么先君大概早就驱逐臣下了。”缪公说：“先君之所以不驱逐你，他的心意显而易见。我继位为君，不过是暂时摄政罢了。”最后，终于把君位交给了与夷。结果导致后来庄公冯杀了与夷。所以，君子“大居正”，就是重视这个“居正”。所谓“居正”是什么意思呢？就国君君位的继承而言，应该循正规的礼法才行，君王生前就要处理好，不要到死后起争端。宋国的祸害，就是宋宣公自己造成的，宣公不传子而传给弟，成就了让的美名。虽然宋国有兄终弟及的传统，可是时代不一样了，不采父死子继的正法，最后国家受害，就是宋宣公没有处理好，因此，孔子重视“居正”。照此来说，“居正”依何休注：“明修法守正，最计之要者”，是说国君修法最当考虑清楚的是有否守住正道。那怎样才算正法呢？何休于《传》“宋之祸，宣公为之也”下注：“言死而让，开争源也。缪公亦死而让，得为功者，反正也。”这是说让本身不能决定是否妥当，它应该放在某种条件下才可以。像宋宣公死而让，开出争源，而宋缪公亦死而让，却回归正法而有功。君位的继承，周以父子相继为正，兄终弟及为不正，于据乱世，《春秋》不取殷制，而采父死子继的周制，用以止争。

儒家对如何解决人间的纷争，特别推崇礼让。五经中，从《尚书·尧典》就崇让，一直到《春秋》首章亦奖让，精神一脉相贯，只要你讲让，就有价值，可是不能说一味地讲让都是好的，还得应该看让得恰当不恰当，《春秋》“君子大居正”其目的是说，不要以为凡让都对。而是在社会不讲让的时候，有人讲让，就值得褒奖，但并不是说一味地讲让就一定对，即使是对也只是表面的对，不是真正的对，真正的对要看是否让得恰当，这才是讲“正”的本义。《论语·为政》孔子曾说：“殷因于夏礼，所损益，可知也；周因于殷礼，所损益，可知也；其或继周者，虽百世可知也。”孔子作《春秋》，继周改制，制《春秋》礼以拨乱反正，借宋宣公之让导致祸害而言居正，必有大义存乎其间，可见《春秋》的伦理思想并非只考虑“义”而不考虑“利”，只考虑到“好”而没有虑到“对”，任何行动应以“居正”为大。

《春秋》拨乱，託始“文王”，言“正月”示“一统”。所谓“一统”，依何休注：“统者，始也。”作“一始”，即始于“一”，那“一”是什么？就经典文献来讲，同《说文》释“正”之“止于一”的“一”，《易传》“天下之动，贞夫一者也”的“一”，《论语》“吾道一以贯之”的“一”都可贯通起来，其差别只是落在各种不同诠释角度而已。此“一”就天道来说，是“中”，就地道而言，是“正”，就人道而言，是“道”（或云仁义），落实于制度，是“礼”。《礼记·仲尼燕居》：“礼者理也，即事之治也。”《春秋》“拨乱世，反诸正”，即在据乱世所面临的君位继承问题，而此“正”，从《公羊传》来说即指“立适以长，不以贤，立子以贵，不以长”。这当参证下文：

经：九月丁卯，子同生。（桓公六年）

传：何言乎子同生？喜有正也。未有言喜有正者，此其言喜有正何？久无正也。

鲁国诸公太久无正嗣，今子同为桓公所生的适长子，始得庆喜。何休注云：“本所以书庄公生者，感隐桓之祸，生于无正，故喜有正；而不以世子正称书者，明欲以正见无正，疾恶桓公。”再度传达了这个“正”指对正嗣的渴望，现在终于有了世子。国家如何安定而无争，跟君位传承制度大有关系。《公羊传》首章即主张“立嫡以长不以贤，立子以贵不以长”。因为，立子以贵不以长，鲁隐公虽长非贵，他只是暂代的，鲁隐公也知道真正的贵者是桓公。所以，《春秋》不书隐公即位，成隐公的让意，大有道理在。《春秋》，由公羊家来看，它是孔子的改制书，着眼制度的改革，它不是完全因袭周朝的礼制，周朝的礼制只不过当作一个参考的对象。《春秋》为什么特别在桓公六年九月丁卯这一天，记载“子同生”？为表明桓公这天有适子出生，对鲁国君来讲，已经很久没有正嗣，如今有了，就值得特别书写，高兴终于有了正嗣。《公羊传》言“君子大居正”，正是君子对宋缪公让位给与夷，在传承制度上终归于正（传子）的赞许。从《传》文多处提及“正”字，让后人觉得孔子赞同回归周朝这个“父死子继”的制度为正，似乎很有理据，可是通过《公羊春秋》的思考，恐怕还是片面的，如果有了“张三世”为纲领，当会知道这只是升平世以前的礼制，并不是永远如此，当知《春秋》“正”的思想还有随时的意思。

第二节　《春秋》借褒贬示“礼”“正”

前面我们讲过，公羊学虽谈褒贬，但不是目的，只是借褒贬呈显《春秋》经所要表达的伦理判断与政治理想，褒贬也只是做个样子。下面我们来看《春秋》借这个褒贬来标记“礼”“正”。这里面谈到的褒贬，透过日本学者铃木茂的解说，《春秋》褒贬评定词：属褒的，有善、贤、正、喜、隐、闵、尊、重八个；属贬的，有恶、贬、绝、讥、贱、罪、危、刺、夷狄九个；属褒贬并用的，有讳、大、嫌、不嫌、与、不与六个。归纳很细，发现《春秋》的褒词、贬词、褒贬并用的词有这么多。铃木教授认为这些评定词构成了《春秋》价值体系的两个侧面，其焦点主要在于说明王道跟霸道，认为“亲亲之道”是“古之道”，为王道，为“文”；以“君臣之义”为“今之道”，为霸道，为“实”。可见铃木教授着眼于王霸的区分，他说传文里面有“文不与而实与”，“文”就是理想，“实”就是现实，这个表示孔子同时兼顾理想与现实。

笔者以为铃木教授的分析很细致，从文献上来分析是可取的，但恐怕忘了孔子不是只有讲王道跟霸道。《春秋》书“春王正月”，表示尊“王”，行“一统”之义，当然这个王不要执定于周文王上，要“法其生，不法其死”，所以是讲王道，而“文不与而实与”是讲霸道，“与”表赞同，赞同霸道。但是不要忘了孔子还有讲尧舜之道，那是帝道。这个尧舜之道要到《公羊传》的最后一章提出“拨乱世，反诸正”，才显现孔子最终的理想。我们如果读过《论语》“齐一变至于鲁，鲁一变至于道”，不免会发现，那是《春秋》“张三世”的另一种表达。齐有齐的为政之道，鲁有鲁的为政之道，接着还有“鲁一变至于道”的那个“道”才是大道，大道就是尧舜所效法的天地之道，能够这样会通地去解读，《春秋》微言大义岂不更加显豁？还有一点值得留意的是，铃木教授的评定词不区别是非与善恶，亦不区别大小轻重，这些都显示出他的论断尚有不足。

读《春秋》，如果没有把三世义放到解读的基准上，读起来就会糊掉，抓不准。读《春秋》一定要有三世义的观念作为基本前提，明白那一段讲的道理是属于在太平世的呢，还是在升平世的，还是在据乱世的。同样地，我们如果有《春秋》三世义的概念，读《论语》才能读明白，如果忽略这个观点，失去了“夫子时然后言，人不厌其言；乐然后笑，人不厌其笑；义然后取，人不厌其取”（《宪问》）的提醒，不能把握这个“时”和“义”，就会背离孔子的真精神，那儒学也就不能成为真正的儒学。

要谈《春秋》的“礼”“正”，借以下例子来说明。

例一：

《春秋》在“一统”之礼制下，依天子、三公（方伯）、诸侯、卿大夫、士之名分各依各应尽的职责。对天子而言，有“王者无外”（隐公元年、桓公八年、僖公二十四年、成公十二年）、“王者无求”（桓公十五年、文公九年）之义。在“一统”义下，对诸侯有所谓“王者无敌”（成公元年）、“从王，正也”（桓公五年）、“不与伐天子”（宣公元年、昭公二十三年）、“不与致天子”“不与再致天子”（僖公二十八年）、“僭天子，不可言也”（隐公五年）之义。对卿大夫有“大夫之义，不得世”（昭公三十一年）、“大夫无遂事”（桓公八年、庄公十九年、僖公三十年，襄公二、十二年）、“大夫受命不受辞”（庄公十九年）、“大夫不敌君”（僖公二十八年、宣公十二年）之义。

“文不与”其义等于“于礼不许”。“礼”含礼“仪”与礼“义”二义。若“仪”从行为类型之外在规则言，则“义”当指外在规则背后的精神，也就是行为之内在规则。

我们看“王者无外”“王者无求”“王者无敌”“从王，正也”，这是从王道的立场讲。从王，当然是对诸侯来讲的，诸侯一定要从王才是对的，不从王就目中无王，当然是不对的。实践王道的阶段，以王为尊，当然“不与伐天子”。“不与致天子”，是对齐桓公，晋文公讲的。“僭天子”，不可言也，换句话说，天子摆在这里，天子就是王，王就是要尊，怎么可“僭”呢？卿大夫在诸侯之下，卿大夫更应该尊君，王之下也有大夫，大夫是佐治阶级，是卿大夫这一层。国君有爵，俱是南面之君，周天子是天下共主。所以，在统治意义上说，卿大夫是臣，那臣当然不能僭位，所谓“大夫之义，不得世”，此是《春秋》之礼，表明卿大夫的位子是不可以世袭。但依《左氏春秋》记载，是世卿是当时的现况，所谓世卿就是当卿的父亲死掉了，儿子就继承父亲卿的职位，不管其贤或不贤，可是《公羊春秋》认为世卿是受讥讽的，意味着卿大夫之位是要贤贤，不许世袭。“大夫无遂事”，大夫做事情秉君命而行，不可自作主张，但也有“大夫受命不受辞”之说，说大夫只接受使命不接受应对的辞令。“大夫不敌君”，是说大夫不与国君对阵，这些都是讲大夫应该怎么做的道理。

“文不与”是等于“于礼不许”。“礼”有“仪”跟“义”两个意思，“仪”是外在行为的节文，而“义”是内在道德的实质，是行为的背后精神。君子义以为质，义之与比，依义为行。义就是正，正就是义。义就是恰当，什么叫恰当？就是正。那什么是正？正就是合时。合时就是适中，取得动态的平衡性。义就是正，这两个意思相等同。而“义”加上人字旁，就成了“仪”，指行为的形式规矩。行为依“仪”而行即取得表面的“义”，但真正的“义”，还是回到行为的既中且正上。

例二：

经：秋七月，天王使宰咺来归惠公仲子之赗。（隐公元年）

传：其言惠公仲子何？兼之；兼之，非礼也。

鲁国惠公、仲子死了，这里有两个人的葬礼，周天子派人送来助葬的礼物，也应该派两个使者送，可是这里只派这一个使者同时兼送两个人的助葬礼物，这不合礼。

经：冬，天王出居于郑。（僖公二十四年）

传：王者无外，此其言出何？不能乎母也。

“天王出居”，王居王位，为什么之前要加一个“天”字？这个地方有各种解说，这个王一开始就不成其为王，他僭天，号称天王，这个就说明王也是有问题的。“王者无外”，为什么言“出”呢？因为天子不孝，不能和母亲和睦相处，所以这样写。表示对天子的贬斥，也就是“贬天子”。在传统里面，王者独尊，太多史笔用在“退诸侯，讨大夫”，唯独贬天子这个不敢讲，不好讲，读史尤须注意史文有意疏漏的这一部分。

经：春，毛伯来求金。（文公九年）

传：毛伯来求金何以书？讥。何讥尔？王者无求，求金，非礼也。然则是王者与？曰：非也。非王者，则曷为谓之王者？王者无求。曰：是子也，继文王之体，守文王之法度，文王之法无求而求，故讥之也。

由于周襄王于鲁文公八年八月崩殂，其子周顷王逾年即位，此时周天子虽即位，但依礼“天子三年然后称王”，故此时不称“王使毛伯来”，而书“毛伯来求金”是为尊者讳。毛伯是指天子的大夫，毛伯来征求贡金，《春秋》什么要书写？为了讥讽他。作为王者本来无所谓征求贡金，王者征求贡金是不合礼法的。既然如此，是王者许可的吗？不是的。不是王者，为什么称为王者呢？因为王者是无求的，是说这位“子”虽未称王，但继承文王的体制，也应守文王的法度，周文王之法度无所征求，今有所求，所以讥讽他。这里讲的“法度”也就是文王的礼。可以这么讲，礼与法是可以对应的，但到了后代，则礼是礼，法是法。法讲的具明文公布性质，礼讲的是不明文规定的习惯规则，比较具有原则性，而原则性的礼的背后就是义，就是正，这些都是伦理学的基本的观念。

以上讲的是有关天子的事，以下要讲有关诸侯的部分。

例三：

经：齐师、宋师、曹师次于聂北，救邢。（僖公元年）

传：救不言次，此其言次何？不及事也。不及事者何？邢已亡矣。孰亡之？盖狄灭之。曷为不言狄灭之？为桓公讳也。曷为为桓公讳？上无天子，下无方伯，天下诸侯有相灭亡者，桓公不能救，则桓公耻之。曷为先言次而后言救？君也。君则其称师何？不与诸侯专封也。曷为不与？实与而文不与。文曷为不与？诸侯之义不得专封也。诸侯之义不得专封，则其曰实与之何？上无天子，下无方伯，天下诸侯有相灭亡者，力能救之，则救之可也。

“齐师、宋师、曹师次于聂北，救邢。”“次”是指军队驻扎的意思。按书法“救不言次”，同一条经文，不该同时书写这两者。如果是救援就不说驻扎，那这里说“次”，是为什么？是因为“不及事”，要救也来不及救了。为什么说来不及救呢？因为军队驻扎在那里的时候，邢已经灭亡了。那为什么不说狄灭邢呢？是为桓公避讳。为什么为桓公避讳？因为桓公他有尊王攘夷之心，以天下为己任，在当时上没有贤明的天子，下没有一方之伯长的情况下，天下诸侯有相互灭亡的事发生，齐桓公不能救的话，齐桓公会感到可耻。齐桓公把救天下的责任一肩挑起，这就是霸者之所以为霸者的所在。他捍卫华夏，抵抗夷狄。为什么先言“次”而后言“救”？因军队是由齐君带领的。是“君”为什么称“师”呢？是要避免身为诸侯之君的齐桓公专封。为什么不赞许呢？是实际上赞成他救邢这件事情，但是表礼制的文辞上，不赞成罢了。措词上不允许称“君”，只能称“师”，这就是完全透过笔法来彰显作者的观点。“上无天子，下无方伯，天下诸侯有相灭亡者，力能救之，则救之可也。”从《春秋》这一条经文里面，透露两件事情。第一件事情从正规来讲，他不允许诸侯专封，所以把“侯”改成“师”；再是因为桓公是一个真正“尊王攘夷”的国君，他来不及救邢，军队开来了，还没有驻扎完成，邢国已经被夷狄消灭了，深以为耻，因为没有达到维护华夏安全的责任，所以为齐桓公避讳。为什么要为齐桓公避讳？这个避讳是出自孔子，孔子了解并尊敬他，认为他是个贤者，他有这个心，却没有做到，感到可耻。《春秋》这一条经文，里面包含多层意义，不要以为《春秋》经每一条只表达一个意思。《春秋》经的书写，有的是正面表达的，有的不是正面性表达。清代庄存与不是说过：“《春秋》非记事之史，不书多于书，以所不书知所书，以所书知所不书。”这个体会值得我们在读《春秋》时铭记在心。

例四：

经：冬，十月，楚人杀陈夏征舒。（宣公十一年）

传：此楚子也，其称人何？贬。曷为贬？不与外讨也。不与外讨者，因其讨乎外而不与也，虽内讨亦不与也。曷为不与？实与而文不与。文曷为不与？诸侯之义，不得专讨也。诸侯之义不得专讨，则其曰实与之何？上无天子，下无方伯，天下诸侯有为无道者，臣弑君，子弑父，力能讨之，则讨之可也。

楚原本是夷狄，但进到升平世的阶段，视同华夏一分，许其称“楚子”。子是子爵，有文化、有礼乐的才称作子，没有文化、没有礼乐的不可以称“子”。那现在为什么称“人”？因为在这里要贬斥他。为什么贬斥他？“不与外讨”，讨是正义对非正义而讨伐。夏征舒弑君，是叛臣，且夏征舒是一个大夫。可是楚国呢，是外于华夏的，不允许夷狄来处理这件事情。这事应该是我们华夏的责任，即使在华夏之内也不许可的。“曷为不与？实与而文不与。”“与”是赞同义，为什么不赞同？实际上赞同，但在标示理想的文辞上不赞同。“文曷为不与？”因为有王者在，作为诸侯是不可以专讨，不容许擅自讨伐有罪。换句话说，《春秋》在这个地方是赞同楚国来处理这件事情，同齐桓公一样，本不许专讨，但在特殊的情况下赞许他了。表面上看，《春秋》既赞成楚子处理这个叛臣，可是在此为什么却称“楚人”？却赋了贬斥的意思。

例五：

经：夏，灭项。（僖公十七年）

传：孰灭之？齐灭之。曷为不言齐灭之？为桓公讳也。《春秋》为贤者讳。此灭人之国，何贤尔？君子之恶恶也疾始，善善也乐终。桓公尝有继绝、存亡之功，故君子为之讳也。

“灭项”，谁灭？没讲。一本历史著作居然没把句子的主词写出来，这是该有的历史叙述吗？恐怕有问题，所以把《春秋》完全当历史著作来读，说不通的。谁灭项？是齐国。为什么不写齐国灭掉的呢？为桓公避讳，因为桓公是个贤者。为贤者避讳是不是把贤者的过错一味地隐藏？不是的。《春秋》“为贤者讳”是《春秋》笔法表现的一种方式，这个方式是透过避讳来彰显他的贤德。把人家国家灭掉，还有什么贤德可言？因为君子对于恶行的憎恶，从憎恨其恶行开始，对善行则相反；齐桓公是个好诸侯，他对华夏有继绝存亡的功劳，即使他死了，君子对他还是念念不忘，所以，要为他避讳。

例六：

经：夏，四月己巳，晋侯、齐师、宋师、秦师及楚人战于城濮，楚师败绩。（僖公二十八年）

传：此大战也，曷为使微者？子玉得臣也。子玉得臣则其称人何？贬。曷为贬？大夫不敌君也。

城濮之战是大战，晋国等一方是以晋侯为首跟楚作战，楚方不应只派一个小小的大夫子玉得臣迎战。依礼，大夫不与国君对等作战，所以，贬了楚大夫子玉得臣称“人”。

经：公朝于王所。（僖公二十八年）

传：曷为不言公如京师？天子在是也。天子在是，则曷为不言天子在是？不与致天子也。

王所是指王所在之地，这里指践土。晋文公在城濮之战大败楚国，想因此而称霸，又恐诸侯不服，因此将天子招来践土，让诸侯来朝见。孔子不赞同晋文公这种召致天子的行为，严守君臣之义，故如此书写。

经：天王狩于河阳。（僖公二十八年冬）

传：狩不书，此何以书？不与再致天子也。

狩猎为常事，按例不书写，这里为什么书写？是因为不赞同再次召致天子。“天王狩于河阳”实际上是晋文公召天子至河阳，让诸侯朝见。这是第二次以臣召君，一方面为尊者讳深，二方面表示致天子罪重。

经：晋人执卫侯归之于京师。（僖公二十八年冬）

传：此晋侯也，其称人何？贬。曷为贬？卫之祸，文公为之也。

为什么称晋侯为晋人，为了要贬斥晋侯。为什么要贬斥晋侯？因卫国的祸害是晋文公造成的，这个书写其实就是在贬斥晋文的专执。固然卫侯有罪，也该由天子出面处理，晋文公怎可专断！

例七：

经：冬，十有一月己巳朔，宋公及楚人战于泓，宋师败绩。（僖公二十二年）

传：偏战者日尔，此其言朔何？《春秋》辞繁而不杀者，正也。何正尔？宋公与楚人期，战于泓之阳。楚人济泓而来。有司复曰：“请迨其未毕济而击之。”宋公曰：“不可。吾闻之也：君子不厄人。吾虽丧国之余，寡人不忍行也。”既济，未毕陈，有司复曰：“请迨其未毕陈而击之。”宋公曰：“不可。吾闻之也：君子不鼓不成列。”已陈，然后襄公鼓之，宋师大败。故君子大其不鼓不成列，临大事而不忘大礼，有君而无臣，以为虽文王之战，亦不过此也。

《春秋》修辞有常例可寻，依常例，公开约期开战，写到日就可以了，为什么这里写到朔（初一）？是说《春秋》修辞，繁复而不减省的，表示所书写的这件事情非常正当，值得敬重。“杀”就是减省的意思。经文在这里写得很仔细，交代了时、月、日后，又写到初一，不怕麻烦。其实“己巳”已指明了日期，还再说是这个的初一，这不是繁复记录是什么？为什么不减省呢？用不减省的书写来表示这件事做得很正当。《春秋繁露·祭义》引“孔子曰：书之重，辞之复，呜呼，不可不察，其中必有美者焉”。《春秋》不厌其烦地如此书写，表明宋襄公的做法守礼。因为宋国跟楚国打仗，“期”就是约好时间地点在泓这个地方开战。楚人渡泓水过来之时，宋公的左右手说，趁楚人的军队还没有全部渡河时出击。宋公说："不可以，我听说过君子不厄人，要打人就正规地打，不用小人的步数。我虽然之前就败给楚国，是我搞不好，险些亡国，仅能以余民持国，但是我还是不愿意趁人之危出击。""既济"，就是楚国的军队已经过了河了，但还没有摆阵势，左右手又说趁这个时候向楚军攻击；宋公说："这样不可以，我听说过对方阵势未摆好前不攻击。"等了楚军阵势摆好，然后宋襄公才鸣鼓进攻，结果宋国输了。"君子大其不鼓不成列，临大事而不忘大礼"，"大"就是"大居正"的"大"，推崇的意思。孔子在这里非常重视宋襄公打仗还守礼。可惜"有君而无臣"，这一句话很重要，"有君而无臣，以为虽文王之战，亦不过此也"。孔子赞美宋襄公，以为文王之战也不过如此。

第三节 传文中"正"的解析

《公羊传》文中"正"的用法有很多种，有作名词用，动词用，形容词、副词等用，各有各的意思，我们作个概括。

（一）作名词用

1. 作"嫡长子"的代称。

经：九月，丁卯，子同生。（桓公六年秋）

传：子同生者孰谓？谓庄公也。何言乎子同生？喜有正也。未有言喜有正者，此其言喜有正何？久无正也。

为什么这里要说"子同生"？喜有正嗣，即桓公有嫡长子了。按常例，桓公生了嫡子用不着记录，这里为什么要记录？因为鲁君已经很久没有正嗣了。之前，隐公、桓公也都不是正嫡，所以说"久无正"。

经：晋里克弑其君卓子，及其大夫荀息。（僖公十年春）

传：献公死，奚齐立。里克谓荀息曰："君杀正而立不正，废长而立幼，如之何？愿与子虑之。"

传文里，记载了两傅间的对话。明显地，这"正"是指晋献公的嫡长子申生，而里克是申生的傅。"不正"指的是晋献公之妾骊姬所生的奚齐、卓子，而荀息是奚齐、卓子的傅。晋献公宠爱骊姬，故杀了世子申生，而立骊姬所生的儿子奚齐，里克弑后，荀息答应晋献公的诺言再立卓子，里克又再弑去，累及大夫荀息。

经：秋七月，齐阳生入于齐，齐陈乞弑其君舍。（哀公六年）

传：阳生谓陈乞曰："吾闻子盖将不欲立我也。"陈乞曰："夫千乘之主，将废正而立不正，必杀正者。吾不立子者，所以生子者也，走矣！"

这是齐国大夫陈乞与齐景公的嫡长子阳生的对话。齐景公不立世子阳生，而要立舍为君，陈乞假装答应，愿意拥立舍。阳生找到陈乞质问，陈乞就对他说了这番话，劝他逃走。齐景公死后，陈乞把阳生藏在自己家中，并用计将齐国大夫请到自己家中，让众大夫拥立阳生。可见传文的"正"是指"嫡长子"。

2. 作"嫡长子的名位"。

经：五月，郑伯突出奔蔡。（桓公十五年夏）

传：突何以名？夺正也。

"夺正"指夺取嫡长子的名位。本来嫡长子是忽，而突夺取忽的嫡长子的名位是在桓公十一年，这里称郑伯又直其名突，就是因其有"夺正"之罪。

经：郑世子忽复归于郑。（桓公十五年夏）

传：其称世子何？复正也。

为什么这里称忽为世子，是因为要恢复忽的嫡长子的名位。

以上这里两条经文都是《春秋》随着行为主体的变换，依礼制在书法上予以夺嫡长子的名位，所以，“正”是指嫡长子的名位。

3. 作“宗法嫡长子的继承制度（礼制）”。

作此解，仅有一例，即：“君子大居正，宋之祸，宣公为之也”（隐公三年冬）。这句在传文中的“正”即指合于父死子继的嫡长子继承制度。“居正”是专指持守这个制度。《春秋公羊传》说宋国之祸是由宋宣公导致的，其原因就是因为宋宣公没有持守这个嫡长子的继承制度。如果按照这个制度加以推广，则“居正”是指守礼，以礼为正。

4. 作“礼仪制度”。

经：夏，齐侯、卫侯胥命于蒲。（桓公三年夏）

传：胥命者何？相命也。何言乎相命？近正也。此其为近正奈何？古者不盟，结言而退。

胥命是什么？是相互订立约定的意思，说相互订立约定是什么意思？是接近正道。所谓近正道是怎样？古时候不用歃血发誓，口头协定后，就各自离去。所以，“正”是指一种彼此约定，各自信守而去的礼制。

经：秋蔡人、卫人、陈人从王伐郑。（桓公五年秋）

传：其言从王伐郑何？从王，正也。

这里“从王，正也”是说，诸侯跟随王者去征伐是合乎正道。

经：十有二月，齐侯灭莱。（襄公六年冬）

传：曷为不言莱君出奔？国灭，君死之，正也。

按照礼制，国君当为社稷而死，若不与社稷共存亡，书“出奔”，就是表示诛绝其君。《春秋》书法，书“灭”指亡国之善辞。此处莱国被灭，莱君被杀，君有徇国之礼，其死符合正道。若后有王者兴起，当复其国。

经：齐人执陈袁涛涂。（僖公四年夏）

传：涛涂之罪何？辟军之道也……桓公假涂于陈而伐楚，则陈人不欲其反由己者，师不正故也。

袁涛涂有什么罪？是避开了行军的道路。当初齐桓公假道陈国讨伐楚国，为王者之事，称伯讨。但陈国人袁涛涂不愿意齐桓公回师时军队再经过陈国，于是献策齐桓公趁势服东夷，结果陷入沼泽，所以就抓他问罪。其实是齐国的军队军纪不好，不好好改正自己的军队纪律，反倒怪罪别人，因此，经文称“人”书“执”表示不成伯讨的行为。《传》文“师不正”是指“军纪不当”。

经：冬，十有一月己巳朔，宋公及楚人战于泓，宋师败绩。（僖公二十二年冬）

传：偏战者日尔，此其言朔何？《春秋》辞繁而不杀者，正也。何正尔？……故君子大其不鼓不成列，临大事而不忘大礼，有君而无臣，以为虽文王之战，亦不过此也。

这是讲泓之战，《春秋》认为宋襄公遵守战争之礼，符合正道。

经：晋放其大夫胥甲父于卫。（宣公元年夏）

传：放之者何？犹曰：无去是云尔。然则何言尔？近正也。此其为近正奈何？古者大夫已去，三年待放。君放之，非也；大夫待放，正也。

按古代有三年待放的礼制，即臣以道事君，不可则止；若三谏不从，则可离去，这叫作“大夫已去”。然而并不是骤然离去，而是留滞原地三年，等待国君回心转意。在这三年之中国君并不终止俸禄，如果想要聘回，就赐环；如果不想他返回，就赐玦，任他离去。经书晋国放逐他的大夫胥甲父到卫国。放逐是什么意思？就等于说不要离开此地。那为什么要说这件事？是因为此事接近正道。为什么说它接近正道呢？按礼，晋国放逐胥甲父是不对的，若胥甲父自己待放，那是符合正道的。

从以上引文中，可得知“正”是就合或不合礼仪制度而言，“正”可以指“行为之判准”，也可以指“合于行为判准之判断”。

5. 作“《春秋》的正规书法”。

如《传》说：

葬者曷为或日或不日？不及时而日，渴葬也；不及时而不日，慢葬也。过时而日，隐之也；过时而不日，谓之不能葬也。当时而不日，正也。当时而日，危不得葬也。（隐公三年冬）

《春秋》辞繁而不杀者，正也。（僖公二十二年冬）

元年，春，王正月，正也，其余皆通矣。（成公八年秋）

《春秋》书法有正例，有变例，有详书，有不详书，各自曲尽其情而书，所谓“辞繁而不杀者”，也是用来彰显所记的事件是合乎正道或合乎经礼的书法。

6. 作“中正之道”。

在传文里：

季子治内难以正，御外难以正。（僖公元年冬）

什一者，天下之中正也。多乎什一，大桀、小桀；寡乎什一，大貉、小貉。什一者，天下之中正也，什一行而颂声作矣。（宣公十五年秋）

前者讲季子“治内难以正”是指他杀母兄事，传文说他的作为既符合“君臣之义”，又没有离开“亲亲之道”；又说他“治外难以正”是指对莒挐兴师伐鲁一事，季子待之以偏战，何休注云：“季子忿不加暴，得君子之道。”由此可见这里的“正”是指处事得宜，行为合乎“中正之道”。后者指国家什一的税制，当时被认为是天底下最合乎中正标准。因此，这里的“正”不在条文本身而在条文背后的精神。所以，“正”当指“中正之道”。

7. 作“治世之理想境界”。

《公羊传》文中“拨乱世，反诸正，莫近诸《春秋》”的“正”对应“乱世”作“治世”的现象或境界解释。

（二）作动词用

《公羊传》文中“正”作动词用有：“正我也”（闵公二年冬）、“正即位也”（定公元年春）、“以地正国也”（定公十三年冬）。前者“正”是指以正道对待，其次，是指依礼即位，最后一条的“正”指平定国之动乱。所以，这里的“正”字作为动词用，它的意思不外乎以上名词取义中的第 4、6、7 项中的含义。

（三）作形容词用

《公羊传》文中“正”作形容词用时，仅有一则，即“正寝也”（庄公三十二年秋），是讲鲁庄公死于路寝是正寝，合于礼制的死亡。

（四）作副词用

《公羊传》文中“正”作副词用时，它的意思指“时常、常常”，这样的例子也仅一则，即“师出不正反，战不正胜也”（僖公二十六年夏）。军队出征，不一定都能返回，战斗不一定都能胜利。

第四节 “礼”与“正”的关系

笔者对“礼”与“正”作了以上的分析之后，发现“礼”与“正”在“礼仪制度”这一层意义上是可相通的，如“君放之，非也；大夫待放，正也”，“君使之，非也；臣行之，礼也”。在这二句当中“正”与“礼”可相替换。“从王，正也”，“拨乱世，反诸正”这二句中“正”，用“礼”去取代亦无不可，可是在其他用法上加以取代，就似乎不类。“礼”在传文里，都作名词用，不管是置于提称之中，如“聘礼：大夫受命不受辞……”，或是在述词之中，如“亲迎，礼也”。如果以“正”字去替换，前者不可，后者可。如果加以扩大来看，则凡“○○，礼也”或“○○，非礼也”中的“礼”字，以“正”字去取代，均可以相通。但是反过来，就有点不甚妥当。“正”字与“礼”字有同作为名词之外，还有副词、形容词、动词诸多用法；即使作名词用，如“君杀正而立不正”，“夺正也”，“大居正”，“《春秋》辞繁而不杀者，正也”，“什一者，天下之中正也”。在这些传文中都不能说成“君杀礼而立不礼”，“夺礼也”，“大居礼”，“《春秋》辞繁而不杀者，礼也”，“什一者，天下之中礼也”。

比较有疑问的是“季子治内难以正，御外难以正”之中的“正”能否以“礼”字加以取代？如前所述，季子在国家面临内乱外患之非常状况下，采取适当的措施，传文言其治御以“正”，而不是以“礼”，可见礼当属平时正常体制下的运作；如若在非常的情况下，就不是礼所能处理的；不依礼来处理的结果有妥当，有不妥当，那么妥当的便是正，不妥当便是不正。从伦理判断准则来说，“正”比“礼”更根本，或则说“礼”依“正”而立，而用于平时者也。“礼”指出了行为类型的合理性，而“正”定出了某个别行为之所以为对的正当性。“礼”与“正”在一般的情形下是一致的，只有在非常的情况下，才会有拟似背离的判断产生。因为，“礼”与“正”相待时，“礼”为伦理的形式、条文、仪则、外在的行为规则，而“正”为伦理的内容、实质、原则、内在的行为规则。总而言之，“礼”或“正”是《公羊春秋》评断行为是非的判准。

第五节　讥世卿

根据《论语·季氏》有两章孔子叙述当时政局演变的情况值得注意：

孔子曰："天下有道，则礼乐征伐自天子出；天下无道，则礼乐征伐自诸侯出；自诸侯出，盖十世希不失矣；自大夫出，五世希不失矣；陪臣执国命，三世希不失矣。天下有道，则政不在大夫。天下有道，则庶人不议。"

孔子曰："禄之去公室五世矣，政逮于大夫四世矣，故夫三桓之子孙微矣。"

从这两章可以约略得知孔子对春秋时代整个礼坏趋势的评述。东周以前礼乐征伐自天子出，算是天下有道的时代，然自春秋开始，天子无实力维护天下安宁，有待霸者出来者号召，共同尊王攘夷，解决华夏之间的争端，因此，出现了专封、专讨的情形。《春秋》虽然秉持"实与而文不与"为一权衡的措施，但从礼的角度来说，是诸侯转强，王权消失的阶段。大略算来，从齐桓公称霸开始，约在鲁庄公时代，亦即值周庄王时。如再往下传至厘王、襄王、顷王、匡王、定王、简王、灵王、景王、敬王计十世，正值鲁哀公时，所以，说"自诸侯出，盖十世希不失矣"完全符合；接着说"自大夫出，五世希不失矣"正指大夫专政，鲁侯失政的那五世——鲁宣公、成公、襄公、昭公、定公，亦与"禄之去公室五世矣"之说相合；再来"陪臣执国命，三世希不失矣"是指在陪臣执国命下，大夫本身失权的阶段，亦即"三桓之子孙微矣"的时期，并意味着三桓专权也仅三桓最早的那一世，其后三桓自己也作不了主。笔者这样的解说与杨伯峻的说法不同，读者自可参酌。董仲舒曾提到《春秋》"贬天子、退诸侯、讨大夫"可以说是"拨乱反正"的三个对象。依《春秋》三世义，从拨乱由小至大，由易至难，由大夫乃至天子。故先托诸"讥世卿"。

经：夏，四月辛卯，尹氏卒。（隐公三年）

传：尹氏者何？天子之大夫也。其称尹氏何？贬。曷为贬？讥世卿。世卿，非礼也。外大夫不卒，此何以卒？天王崩，诸侯之主也。

何休对此解说如下：

世卿者，父死子继也。贬去名言氏，起其世也，若曰世世尹氏也。礼：公卿大夫士，皆选贤而用之，卿大夫任重职大，不当世，为其秉政久，恩德广大，小人居之，必夺君之威权，故尹氏世，王子朝，齐崔氏世，弑其君光，君子疾其末，则正其本。见讥于卒者，亦不可造次，无故驱逐，必因其过卒绝之。时天王崩，鲁隐往奔丧，尹氏主傧赞诸侯，与隐交接而卒，恩隆于王者，则加礼录之，故为隐恩录痛之。日者，恩录之，明当有恩礼。

按尹氏是天子之大夫，属鲁国之外，依书法外大夫的死亡是不记载的，为什么这里记载？因为他是当时天王崩时协助诸侯办理祭典的人，因鲁隐公往奔丧，与鲁公有交接过，宜有恩礼，所以记载尹氏的死亡。但记载死亡定书名，怎么这里称"氏"呢？是贬斥他。为什么要贬斥他呢？因为贬斥他继承其父卿大夫的职位，继承其父卿大夫的职位是不合礼的。《春秋》在此运用名例——"州不若国，国不若氏，氏不若人，人不若名，名不若字，字不若子"方式，不称名而改称"氏"，所贬还比称"人"更不如，意谓这整个氏族，官有世功则有世族，是一个大夫死，不是一氏族死。孔子讥贬必在于此卿职不可世，是《春秋》借此反对世袭制度，主张选贤与能。这层意义，在经中并非唯一，尚有以下三则：

经：齐崔氏出奔卫。（宣公十年夏）

传：崔氏者何？齐大夫也。其称崔氏何？贬。曷为贬？讥世卿，世卿，非礼也。

经：秋，武氏子来求赙。（隐公三年）

传：武氏子者何？天子之大夫也。其称武氏子何？讥，何讥尔？父卒，子未命也。何以不称使？当之丧，未君也。武氏子来求赙，何以书？讥。何讥尔？丧事无求，求赙，非礼也。盖通于下。

经：夏，天王使仍叔之子来聘。（桓公五年）

传：仍叔之子者何？天子之大夫也。其称仍叔之子何？讥。何讥尔？讥父老，子代从政也。

据此，《春秋》对大夫世官的讥讽，首先借对齐国的某个大夫出奔卫，名字无法知道，《左传》说是崔杼，或可疑。但不管如何，称“氏”是针对其世卿一族的批判，同先前的尹氏一样。其次，对同为天子之大夫的行为在不同情况下有不同的书写，前者称“武氏子”是讥讽他，为什么讥讽他？说是父死了，在世卿的制度上，身为儿子的尚未受命，他就上任。何休注云：“武氏子父新死，未命而便为大夫，薄父子之恩，故称氏言子，见未命以讥之。”这是以“薄父子之恩”见讥。至于求赙一事见讥，乃由于不合文王“天子无求”之法度。不见称使，乃天子当丧，未君三年的缘故，武氏子之来求赙，其实违背文王之礼，何休说：“礼本为有财者制，有则送之，无则致哀而已。不当求，求则皇皇，伤孝之心。”后者有称使，但却称“仍叔之子来聘”是有贬意的，称“仍叔之子”示讥，表明父老子不得代从政的意思。总之，大夫之职以贤为尚，不得世，但春秋时世卿已成事实，孔子在《春秋》中，反对这种乱制，出于拨乱反正的设计。康有为先生对“世”之一事，有贯通三世义的理解，他说：

春秋之世，鲁三桓，郑七穆，晋六卿，齐则国高，楚则屈蔿，皆世为大夫，无有选贤者。盖自三代皆贵族世界，苟非世族，则德如颜曾亦不得位，孔子以为位者所以治安民，非一人一家所能私也。故立选举之法，取于郊民，去世官之制，先讥世卿。《王制》曰“大夫不世”，孟子曰“士无世官”，皆此义也。国位者，皆天下之公，非人所可私；故凡世者，皆非孔子之意，故《礼运》大同之法曰“天下为公，选贤与能”，删《书》首尧舜，美其让贤而不私子也，但一时不能遽行此制。此据乱也，先讥大夫之世；及升平世，刺诸侯之世；至太平之世，贬天子之世，亦以渐进也。自汉后，选孝廉茂才为吏至公卿，至于今日皆无世卿，此已行孔子拨乱之法矣。孔子特发此大义，托尹氏而明之，不然卒者，必有人如刘卷卒之类，氏者一族之义，安有举族同日卒者乎？可见孔子改此字以托此大义，官有世功，则有官族，故以氏代名也。何君述微言曰：“见讥于卒者，亦不可造次，无故驱逐，必因其过卒，绝之。明君案见劳授赏，则众誉不能进无功；案见恶行诛，则众谗不能退无罪，此见裁世卿之法。妄去则得罪巨室而生变，当因其卒而去其世袭，则事易行而无患也，此又圣人深思远虑之术。”又因卒字而明斯义，《穀梁》曰：“外大夫不卒，此何以卒之也？于天子之崩为鲁主，故隐而卒之。”《公羊》同义，此又见人道相接，宜有恩礼而不忘之，一经兼数义，故《春秋》之为书，义密而旨深也。

《春秋》讥世卿，表示新王改制立法的第一关，于拨乱阶段，借大夫之卒以去世袭之制；其次于升平阶段，借对霸者与尊王而不与专擅以刺其世；最后，借文王之法以贬天子，伸奉天体元义，以天子为爵称，亦贬天子之世。《春秋》透过文/实、褒/贬以示礼法，唯此礼法乃文王新法，是《春秋》之新制，以大道为归。

第七讲 伦理义、经权义

伦理行为的实践，会碰到通例与例外的情形，也就是所谓的经权问题。《论语·子罕》记载孔子的话说：『可与共学，未可与适道。可与适道，未可与立。可与立，未可与权。』的确，它是孔学的末后教。孟子盛赞孔子为『圣之时者』，所诠的义理必紧扣时中精义。

《春秋繁露·俞序》引孔子的话说："吾因行事加吾王心焉，假其位号以正人伦，因其成败以明顺逆。"最后达到"教化流行，德泽大洽，天下之人人有士君子之行而少过"的境界。《论语》开宗喻君子之道，终至知命，各章所说攸关伦理道德。然而伦理跟道德的观念还是不太一样，伦理涉及的是人与人之间的妥当关系，讲这个关系要怎么处理；而道德讲的是，这个关系处理的背后是否中正。道德讲的是在伦理背后的根据，而伦理义是道德在具体情境中的体现。我们把《公羊传》从头到尾读一读，就知道有关伦理义的揭示相当多，而且都体现在特殊的事例上。这里我们挑了八则，看看如何诠释亲亲之道、君臣之道、孝道、夫妇之道等方面。

伦理行为的实践，会碰到通例与例外的情形，也就是所谓的经权问题。《论语·子罕》记载孔子的话说："可与共学，未可与适道。可与适道，未可与立。可与立，未可与权。"的确，它是孔学的末后教。孟子盛赞孔子为"圣之时者"，所诠的义理必紧扣时中精义。《公羊春秋》借事明义，从具体的历史事件中揭发经权要义，值得我们从中学习。

第一节　借季子友明亲亲之道

经：秋，公子友如陈，葬原仲。（庄公二十七年）

传：原仲者何？陈大夫也。大夫不书葬，此何以书？通乎季子之私行也。何通乎季子之私行？辟内难也。君子辟内难而不辟外难。内难者何？公子庆父、公子牙、公子友皆庄公之母弟也。公子庆父、公子牙通乎夫人以胁公。季子起而治之，则不得与于国政；坐而视之，则亲亲。因不忍见也，故于是复请至于陈，而葬原仲也。

鲁庄公二十七年，“公子友如陈”，“如”就是到，出差到陈国去。“葬原仲”，原仲就是陈国的大夫，鲁国公子季友以参加原仲的葬礼为名，请求出使陈国。“大夫不书葬”，按照《春秋》正规的体例，大夫死了不书葬。“此何以书”，这里为什么要书写？“通乎季子之私行也”，“私行”，按照中国老传统，“大夫无私交”，所以这里以“如陈葬原仲”为借口，为了与季子私行之书法相通。季子此行，表面上是为国事，实际上是私行，故有如此书法。此处为什么要透露季子的私行？因为“辟内乱”。“辟”是避开。内难是指宗族之内的祸难。季子在这时借口离开鲁国是因为鲁国宗族间有人要搞政变，处于不得已。季子有什么不得已呢？因为这个时候国君还没有授权给季子去处理国事，但眼见这个事情就要发生，这个事涉及自己的亲兄弟，令他十分难过，所以只好避开了。“君子避内难，不避外难”，是说君子避内难可以被允许，但是外难就不能逃避了。内难指的是什么？公子庆父、公子牙、公子友都是鲁庄公的同母弟。公子庆父、公子牙与鲁庄公的夫人私通，欲图谋不轨，胁迫庄公立庆父为君。季子想办这件事，庄公又没有授权；如果坐视事态发展下去，又不忍看到兄弟间互相残杀。只好借托参加陈国大夫原仲的葬礼，请求出使陈国，参加原仲的葬礼。

经：秋，七月癸巳，公子牙卒。（庄公三十二年）

传：何以不称弟？杀也。杀则曷为不言刺？为季子讳杀也。曷为为季子讳杀？季子之遏恶也，不以为国狱，缘季子之心而为之讳。季子之遏恶奈何？庄公病将死，以病召季子，季子至而授之以国政，曰：“寡人即不起此病，吾将焉致乎鲁国？”季子曰：“般也存，君何忧焉？”公曰：“庸得若是乎？牙谓我曰：‘鲁一生一及，君已知之矣。’庆父也存。”季子曰：“夫何敢？是将为乱乎！夫何敢！”俄而，牙弑械成。季子和药而饮之，曰：“公子从吾言而饮此，则必可以无为天下戮笑，必有后乎鲁国。不从吾言而不饮此，则必为天下戮笑，必无后乎鲁国。”于是从其言而饮之，饮之无傫氏，至乎王堤而死。公子牙今将尔，辞曷为与亲弑者同？君亲无将，将而诛焉。然则善之与？曰：然。杀世子母弟，直称君者，甚之也。季子杀母兄，何善尔？诛不得辟兄，君臣之义也。然则曷为不直诛，而酖之？行诸乎兄，隐而逃之，使托若以疾死然，亲亲之道也。

公子牙死了，公子牙是鲁庄公的弟弟，为什么不称弟呢？因为公子牙是被处死的。是被处死，为什么不说“刺公子牙”？为季子讳杀。季子是贤者，《春秋》笔法为贤者讳。为什么要为季子杀公子牙避讳？因为季子阻止了公子牙弑君的恶行。为什么不以国家司法公开审判呢？《春秋》顺着季子的心意而为之避讳。季子阻止恶行是怎么回事？鲁庄公病重，即将去世的时候，以国君病重召回季子。季子返国后，庄公就将国政交给了他，说：“寡人即不起此病，吾将焉致乎鲁国。”意思就是说：“寡人我生了病，恐怕一病不起，那么我要把鲁国做怎么样的安排，交班给谁呢？”季子就说“般也存”，般就是庄公的儿子，可由嫡长子继承，国君你何必忧心。可见季子主张由嫡长子继承，即由庄公的儿子般继承。庄公说：“我怎能这样办呢？老三公子牙跟我说了，鲁国君位的继承是父死子继与兄终弟及两者轮换，现在有老二公子庆父在。”这等于作弟弟要挟哥哥，公子牙想要辅佐公子庆父继任。季子对庄公说：“公子牙怎么敢！想要作乱吗？他怎么敢！”

不久，公子牙企图谋弑君的兵械已准备好了。这时季子已参与了国政，季子知道了这件事后，调好药酒，逼着公子牙饮下，对他说：“如果你按照我的话喝了这杯药酒，就不会被天下人耻笑你要叛国，以后你的子孙还留有后代；不听从我的话而不喝此药酒，则一定会被天下人耻笑，在鲁国一定绝后。”于是，公子牙只好听从了季子的话，在无傫氏家里喝了药酒，走到王堤这个地方就死了。

公子牙只是即将弑君，还没有正式造反，传文的用词为什么与亲手弑君的人相同？《公羊传》讲“君亲无将”，即对于国君，对于亲人，包括兄弟，包括父母，绝对不能有弑杀的动机。一旦有动机，就可处决。那么季子杀兄吗？是的。对于杀世子、母弟的行为，是称君而杀的，以为太过分了。按照《春秋》笔法，“称君杀世子○○”或“称君杀其弟○○”，表示恶杀亲亲的行径是太过分了。如：“晋侯杀其弟申生”（僖公五年），“宋公杀其世子痤”（襄公二十六年），“天王杀其弟年夫”（襄公三十年），“郑伯克段于鄢”（隐公元年）等等。因为世子、母弟与君是一体之亲，却忍心加以杀害，实在太不仁道了，所以，《春秋》称君以杀。这里季子杀母兄，有什么可称善的地方？诛杀叛贼不避兄长，符合君臣之义。然而为什么不直接以国狱诛杀，却私下以毒酒毒死？因为对兄长进行私下的处置，掩盖了他的罪行，让他逃避了国家司法的审判，从而假托他是病死的，这样使得他兄长的家人得以保全，符合了亲亲之道。所以，《春秋》在这个地方特别为季子隐讳，因为季子是一个贤者，他既照顾到了亲亲之道，同时又不忘君臣之义，周全地照顾到这两方面。

经：春，王正月。（闵公元年）

传：公何以不言即位？继弑君不言即位。孰继？继子般也。孰弑子般？庆父也。杀公子牙，今将尔，季子不免。庆父弑君，何以不诛？将而不免，遏恶也。既而不可及，因狱有所归，不探其情而诛焉，亲亲之道也。恶乎归狱？归狱仆人邓扈乐。曷为归狱仆人邓扈乐？庄公存之时，乐曾淫于宫中，子般执而鞭之。庄公死，庆父谓乐曰："般之辱尔，国人莫不知，盍弑之矣？"使弑子般，然后诛邓扈乐而归狱焉，季子至而不变也。

闵公元年即位，这里为什么不书"即位"？是因为继承被弑的先君，嗣君不书"即位"。是继承谁？继承子般，子般是庄公的儿子。谁弑杀了般？是庆父。那季子先前杀公子牙，仅是因他有弑君的动机，而现在庆父是真正弑君，季子为什么不诛杀庆父？公子牙仅有弑君动机，季子就不免除他的罪行，那是为了要阻止公子牙的恶行。但现在公子庆父已经弑君了，事情已经不可挽回，再说弑君之罪也已经处理过了。由于公子庆父已经诛杀了顶罪者，所以季子不好再去追究这件事的真象，是符合亲亲之道的。

这件事是怎么归罪的？归罪于车夫邓扈乐。为何归罪于车夫邓扈乐？因为鲁庄公在世时，邓扈乐曾在宫中淫乱，子般捉住并鞭打了他。鲁庄公去世后，庆父就对邓扈乐说："子般侮辱过你，国人没有哪个不知道的，你为什么不把他杀了？"庆父唆使邓扈乐杀子般，然后又以弑君之罪杀了邓扈乐，也就把弑君的事做个了结。后来季子赶回来之后，事情已处置过了，季子心里也明白怎么回事，就不再进行翻案。

经：秋，八月辛丑，公薨。（闵公二年）

传：公薨何以不地？隐之也。何隐尔？弑也。孰弑之？庆父也。杀公子牙，今将尔，季子不免。庆父弑二君，何以不诛？将而不免，遏恶也；既而不可及，缓追逸贼，亲亲之道也。

闵公继位不到两年，就死了。但闵公之死为什么不写地点？闵公死去照例应该写上地点，《春秋》为什么不书写呢？是隐痛闵公的死去。这里一定有一些不可告人的事情，为什么？因为闵公也是被弑的。那么是谁杀了他？是庆父杀的。先前季子杀死公子牙，是因为子牙有弑君的动机，现在公子庆父接连弑杀二君，为什么不杀他？当初公子牙有弑君动机也不免除他的罪行，那是为了要阻止公子牙的恶行。现在公子庆父弑君之事既成事实，已来不及阻止了，所以季子采取缓慢追赶、纵贼逃逸的方式，这是符合亲亲之道的。

以上讲的就是季子在执国政的时候，面对国家和亲族之间，同时兼具亲亲与君臣的双重关系，当伦理跟政治的问题纠缠在一起，彼此引起冲突时，要如何处理？在这里为什么特别强调亲亲之道？因为春秋时，家族间的亲情已经不再了，孔子在这个地方借着季子的故事讲起亲亲之道的可贵。如果亲亲之道不讲了，家族内部的亲情消失，这个世间还像个人间吗？

第二节　借齐襄公大复九世雠

经：纪侯大去其国。（庄公四年）

传：大去者何。灭也。孰灭之。齐灭之。曷为不言齐灭之。为襄公讳也。春秋为贤者讳。何贤乎襄公。复雠也。何雠尔？远祖也。哀公亨乎周，纪侯谮之。以襄公之为于此焉者，事祖祢之心尽矣。尽者何？襄公将复雠乎纪，卜之，曰师丧分焉。“寡人死之，不为不吉也。”远祖者，几世乎？九世矣。九世犹可以复雠乎？虽百世可也。家亦可乎？曰：不可。国何以可？国君一体也；先君之耻犹今君之耻也，今君之耻犹先君之耻也。国君何以为一体？国君以国为体，诸侯世，故国君为一体也。今纪无罪，此非怒与？曰：非也。古者有明天子，则纪侯必诛，必无纪者。纪侯之不诛，至今有纪者，犹无明天子也。古者诸侯必有会聚之事、相朝聘之道，号辞必称先君以相接，然则齐、纪无说焉，不可以并立乎天下。故将去纪侯者，不得不去纪也。有明天子，则襄公得为若行乎？曰：不得也。不得则襄公曷为为之？上无天子，下无方伯，缘恩疾者可也。

“大去”是什么意思？是灭亡的意思。谁灭了纪国，齐国灭了它。为什么不说是齐国灭了它？为齐襄公避讳。《春秋》为贤者讳，齐襄公这个国君也不是很好，为什么要为他避讳呢？因为他有可取之处，他能够复雠。复谁的雠？复齐襄公九世远祖的雠。当年齐哀公被周天子烹杀，是受了纪侯的诬陷。齐襄公为了这件事，表明尽侍先祖的孝心，准备向纪国复雠，于是先行占卜，卜辞上说：“军队将丧失一半。”齐襄公说：“寡人即使死了也不算不吉。”所谓远祖，几世祖？九世。九世还可复雠吗？即使百世也可复雠。大夫之家也可以复百世之雠吗？不可以。家雠不可以复，为什么国雠可以复？因为历代国君是世袭一体的。先君的耻辱，犹如今君的耻辱，今君的耻辱犹如先君的耻辱。国与君之间为什么是一体？君主以国为体，因诸侯是世袭的，所以，国与君是先后一体的。当今的纪侯没有罪过，这不是迁怒吗？回答说：不是的。古时后有圣明的天子，纪侯一定会被诛杀，一定不再有纪国。纪侯之不被诛杀，纪国至今还在，由于没有圣明天子的缘故。古代诸侯间一定有聚会的事，彼此有相互访问的规矩，在交际的号辞中一定要举称先君来相接，一谈到这里就不愉快了，不可并立在上天底下。所以，要除去纪侯就不能不除去纪国。有圣明的天子，齐襄公能这样做吗？回答说：不能够。不能够，那么齐襄公为什么能这么做？因为在上没有圣明的天子，在下没有方伯，只好依循恩雠来做就行了。

《公羊传》在这个地方赞成“复九世雠”。照历史事实上讲，齐襄公不是个好国君，可是齐襄公偏偏在这个复雠上看得那么重，要尽孝道，那么在当时都不尽孝道的情况下，竟然有人为行孝，复九世雠，就值得敬佩，所以，《春秋》才会为襄公避讳。那这一段经文目的就是说明在“君国一体”观念下，国雠必报的道理。天下若有道，此冤雠不会遗留到今天，正因为没有明天子在上，所以报雠是可以的；这就跟齐桓公一样，在上无天子、下无方伯的情况下，有诸侯愿意为周天子挺身而出，安护天下，即使逾越专封、专讨的法制，还会受到肯定。因此也要补充一下，为什么卿大夫之家不可复雠？因为，卿不世袭，不可与世袭国君一同并论，这与讥世卿的道理是一致的。

第三节　借曹羁、赵盾事明君臣之义

经：冬，戎侵曹，曹羁出奔陈。（庄公廿四年）

传：曹羁者何？曹大夫也。曹无大夫，此何以书？贤也。何贤乎曹羁？戎将侵曹，曹羁谏曰："戎众以无义，君请勿自敌也。"曹伯曰："不可。"三谏，不从，遂去之，故君子以为得君臣之义也。

曹国是小国，小国没有大夫，为什么这里要书写，并说曹羁是大夫呢？这是对曹羁的肯定，认为他有贤德。曹羁有什么贤德呢？因为戎狄要侵略曹国，曹羁见国君说："戎众以无义，君请勿自敌也。"曹羁要曹伯不要亲自应敌，但是曹伯不听。"三谏不从，遂去之。"所以，做臣子的人，如果对君主提出意见三次，国君都不接受，只好离职。"故君子以为得君臣之义也。"孔子认为这是符合君臣之道。如果是法家，恐怕想连离开都不行，或许还有被处置的危险。然而儒家认为君臣的关系，是"君使臣以礼，臣事君以忠"，彼此以道相结合，若不合就选择离开，这是符合君臣之义的。

经：秋，七月癸巳，公子牙卒。（庄公三十二年）

传：季子杀母兄，何善尔？诛不得辟兄，君臣之义也。

这一段，在前面讲季子明亲亲之道时已经提到过。这里季子杀母兄，又有什么可称善的地方？因为，诛杀叛贼，不回避兄长，符合君臣之义。《春秋》义不以亲亲害尊尊，但最后是要摆脱宗法封建的小康礼制迈向贤贤的大同世界。

经：秋，九月乙丑，晋赵盾弑其君夷獋。（宣公二年）

经：春，晋赵盾、卫孙免侵陈。（宣公六年）

传：赵盾弑君，此其复见何？亲弑君者赵穿也。亲弑君者赵穿，则曷为加之赵盾？不讨贼也。何以谓之不讨贼？晋史书贼曰："晋赵盾弑其君夷獋。"赵盾曰："天乎！无辜！吾不弑君，谁谓吾弑君者乎？"史曰："尔为仁为义，人弑尔君，而复国不讨贼，此非弑君而何？"赵盾之复国奈何？灵公为无道，……赵穿缘民众不说，起弑灵公，然后迎赵盾而入，与之立于朝，而立成公黑臀。

宣公二年晋国赵盾杀了他的国君，这儿怎么再度出现他的名字？真正杀死国君的是赵穿，不是赵盾，为什么赖到赵盾身上呢？是指责他不讨贼。晋国史官写下凶手说"赵盾杀了他的王国君夷獋"。赵盾说："天啊！无辜！我没杀国君，谁说我杀了国君呢？"史官说："你为仁为义，人家杀了你的国君，你回国后又没有诛讨凶手，这不是杀死国君是什么呢？"赵盾回国的事究竟怎么回事？事实是晋灵公为君无道，要众大夫内朝，自己处于台上，以弹丸弹大夫取乐，而且怒杀膳夫，为赵盾所遇见，灵公心生愧疚，欲杀赵盾，派去杀赵盾的勇士看到身为重卿的赵盾竟如此节俭，不忍下手，只好自刎，这更引起灵公非杀他不可的决心。之后，赵穿顺应民众对灵公的不满，起来杀死灵公，然后迎赵盾而入，与他共议朝庭上，拥立黑臀为君，是为成公。孔子作《春秋》，照抄晋史此辞，表明赞同史官的裁断。何休的注上说："明史得用责之。《传》极道此上事者，明君虽不君，臣不可以不臣。"在在说明国君虽然无道，作为臣子的还是应尽为人臣的义理。

第四节　借卫聩、辄争国明以王事辞家事

经：卫世子蒯聩出奔宋。（定公十四年秋）

经：夏。四月。丙子。卫侯元卒。晋赵鞅帅师。纳卫世子蒯聩于戚。（哀公二年）

传：戚者何？卫之邑也。曷为不言入于卫？父有子，子不得有父也。

经：齐国夏、卫石曼姑帅师围戚。（哀公三年春）

传：齐国夏曷为与卫石曼姑帅师围戚？伯讨也。此其为伯讨奈何？曼姑受命乎灵公而立辄，以曼姑之义为固可以距之也。辄者曷为者也？蒯聩之子也。然则曷为不立蒯聩而立辄？蒯聩为无道，灵公逐蒯聩而立辄。然则辄之义可以立乎？曰可。其可奈何？不以父命辞王父命，以王父命辞父命，是父之行乎子也。不以家事辞王事，以王事辞家事，是上之行乎下也。

父子争位的事情太多了！卫世子蒯聩被他的父亲卫灵公驱逐，出奔到宋国去。因为蒯聩的母亲是宋国人，所以他有外公的势力来支持。卫灵公死了，晋国赵鞅率军队接纳卫世子蒯聩在卫国戚这个地方，准备要拥立他。但为什么“不言入于卫”？按《春秋》书“纳”之例，若纳成，应书“纳某人于某国”。此处晋人成功地纳蒯聩，应书“晋赵鞅帅师，纳卫世子蒯聩于卫”，今却书“于戚”，所以发问。因为“父有子，子不得有父”，是说卫灵公可以将卫蒯聩驱逐出去，蒯聩被驱逐，就丧失了继位的资格，不得享有父亲的国家。

齐国夏、卫石曼姑为什么要围戚邑？这是伯讨。说此处是伯讨，是怎么回事？曼姑受卫灵公之命，拥立蒯辄为君，以曼姑的道理来说，固然可以拒绝蒯聩。蒯辄是谁呢？是蒯聩的儿子。但蒯聩是卫灵公的儿子，因此，蒯辄是卫灵公的孙子。然而为何不立蒯聩，而立蒯辄为国君呢？因为蒯聩做了无道的事情，卫灵公将他驱逐了，立了孙子蒯辄。按道理讲，蒯辄能够立为国君吗？可以。为什么说可以呢？“不以父命辞王父命，以王父命辞父命，是父之行乎子也。不以家事辞王事，以王事辞家事，是上之行乎下也。”王父就是祖父，父就是父亲。不以父亲的命令为理由拒绝接受祖父的命令，以祖父的命令为理由拒绝接受父亲的命令，那是父亲的命令贯彻到儿子。不以家里的事为理由拒绝接受王法的事，以王法的事为理由拒绝接受家里的事，那是上级的命令贯彻到下级。由此看出，《公羊传》主张蒯辄该听从祖父灵公的话，不该听从父亲蒯聩的话，把王事跟家事分开，王事属于政治，家事属于伦理，主张国家政治的位阶高于家族伦理，这是不以宗法的伦理意识（亲亲）凌驾封建的政治意识（尊尊）的另一种说法。

第五节　借许止进药明孝道

经：夏五月戊辰，许世子止弑其君买。（昭公十九年）

经：冬，葬许悼公。

传：贼未讨，何以书葬？不成于弑也。曷为不成于弑？止进药而药杀也。止进药而药杀，则曷为加弑焉尔？讥子道之不尽也。其讥子道之不尽奈何？曰：乐正子春之视疾也。复加一饭则脱然愈，复损一饭则脱然愈；复加一衣则脱然愈，复损一衣则脱然愈。止进药而药杀，是以君子加弑焉尔，曰“许世子止弑其君买”，是君子之听止也；“葬许悼公”，是君子之赦止也。赦止者，免止之罪辞也。

凶手没有惩处，为什么写“葬”？因为不算弑君。为什么说不算弑君？是太子止进药时药死了父亲。是太子止进药时药死了父亲，为什么说加上“弑”字？是讥讽他没有尽到为儿子的义理。怎样讥讽他没有尽到为儿子的义理？是说：乐正子春探视他父母的病，再添加一碗饭，病情就霍然转好，再减少一碗饭，病情就霍然转好；再添加一件衣服，病情就霍然转好，再减少一件衣服，病情就霍然转好，如此贴心照料。可是许止进药时却药死了父亲，所以，君子就加个“弑”字。说“许世子止弑其君买”，那是君子惩治太子止的罪。说“葬许悼公”，那是赦免太子止的罪的用语。

依《春秋》的笔法：“君弑贼未讨，不书葬。”（隐公十一年冬传文）今贼未讨，怎么可以书“葬”？由此引出一段儿子侍父进药致死的故事。原来许悼公生了病，许世子止侍奉饮药，药用得太猛，药死了许悼公。那么《春秋》用“弑”就是归罪他没有尽到为人子的义理，没有像乐正子春那样细心照料的缘故。《春秋》在这个地方借许世子进药而药杀的例子点出了为人子女应该如何行孝以及君子如何衡量罪刑的道理。

第六节　託始讥不亲迎明夫妇之伦

经：九月，纪履緰来逆女。（隐公二年）

传：纪履緰者何？纪大夫也。何以不称使？婚礼不称主人。然则曷称？称诸父兄师友。宋公使公孙寿来纳币，则其称主人何？辞穷也。辞穷者何？无母也。然则纪有母乎？曰有。有则何以不称母？母不通也。外逆女不书，此何以书？讥。何讥尔？讥始不亲迎也。始不亲迎昉于此乎？前此矣。前此则曷为始乎？此託始焉尔。曷为託始焉尔？《春秋》之始也。女曷为或称女，或称妇，或称夫人？女在其国称女，在涂称妇，入国称夫人。

纪履緰是什么人？是纪国的大夫。为什么不说派遣？因为婚礼不由新郎出面。那怎么由谁出面？由父执辈、兄长、师友出面。宋共公派遣公孙寿来送聘礼，为什么提到新郎本人？因为没有别的话可说。为什么没有别的话可说呢？因为宋共公没有母亲。这样的话，纪君有母亲吗？回答：有的。既然有，为什么不由母亲出面？因为母命不得与外国相通。外国的迎娶事是不书写的，为什么书写？是讥讽。为什么讥讽这件事？是对新郎没有亲自迎娶的事讥讽。没有亲自迎娶的事是从这时候才有的吗？不，之前就有了。之前就有，为什么说是开始？是托为开始。为什么要托为开始？因为是《春秋》首次记录这样的事。这一次是“纪履緰来逆女”，纪履是纪国的大夫，大夫代替国君来逆女，简直是开玩笑。因为《春秋》认为国君要亲迎才合礼，公羊家主张新郎要亲自迎娶，不可委派代表。因为婚姻是“合两姓之好”，在古代蕴含着重视夫妇平等的地位，重视就体现在“亲迎”之礼上。为什么有时称新娘为“女”，有时称为“妇”，有时称为“夫人”？新娘在本国称“女”，在去夫家的途中称“妇”，进入夫家之国称“夫人”。我们看《春秋》用字多么谨慎，可知古人对妇女角色的转换多么慎重。亲迎是成为夫妇之伦的关键，绝不可轻慢。

第七节　借称君以杀世子恶失亲亲

经：春，晋侯杀其世子申生。（僖公五年）

传：曷为直称晋侯以杀？杀世子、母弟直称君者，甚之也。

此条经文所指的晋侯是指晋献公，而申生是晋献公的嫡长子。经文直称“晋侯杀其世子申生”是痛恨晋献公失亲亲之道。怎么说呢？因骊姬受晋献公宠爱，想立自己的儿子奚齐为世子，遂设计陷害申生，迫使申生自杀，于此《春秋》的裁断即视晋侯杀死自己的嫡长子一样。何休注：“甚之者，甚恶杀亲亲也。《春秋》公子贯于先君。唯世子与母弟，以今君录亲亲也。今舍国体直称君，知以亲亲责之。”按《春秋》书写方式，有称国以杀，有称君以杀的，如“郑杀其大夫申侯”（僖公七年夏），指依国体，称国君杀大夫，非君得专杀，示与众共弃之也，无贬辞。而“天王杀其弟年夫”（襄公三十年夏）称其弟以杀是斥天王有失亲亲之罪。同理，此条经文，类同“天王杀其弟年夫”，同坐失亲亲之罪。世子、同母弟，是自己的亲人，忍心杀害，实在太过分。本节与第一节正好一反一正地揭示“亲亲之道”，值得特别留意。

第八节　借祭僖公事明失礼序

经：八月丁卯。大事于大庙。跻僖公。（文公二年）

传：大事者何？大祫也。大祫者何？合祭也。其合祭奈何？毁庙之主，陈于大祖。未毁庙之主，皆升，合食于大祖。五年而再殷祭。跻者何？升也。何言乎升僖公？讥。何讥尔？逆祀也。其逆祀奈何？先祢而后祖也。

经文所谓的大事是指什么事？指大祫。大祫是什么？是大合祭。怎样的大合祭？是毁了庙的祖先神主，陈列于太祖庙中，还没有毁的祖先神主就请入太庙和太祖合食。五年以后再举行盛大的祭祀。跻是什么意思？是升的意思。为什么说升僖公？是表示讥讽。为什么要讥讽这件事？因为是倒转来祭祀。怎样说是倒转来祭祀？是先祭祀亡父而后祭祀亡祖。这里是讲鲁文公合祭时，把祭祀序次搞乱了。合祭为宗庙大祭，是将历代先君的神主，分别昭穆，供奉在太祖庙中祭祀。鲁国先君的继位次序是隐公、桓公、庄公、闵公、僖公，后面就到文公。而按宗法伦理，文公是僖公的儿子，而僖公是闵公的庶兄，因此，在这次的宗庙祭祀中，文公就将僖公的神主升在闵公之上。按照政治伦理，闵公之后是僖公，僖公是闵公的继任者，结果文公却把他父亲僖公的神主，放在闵公的神主之上，亦即将他父亲的神主提升一级。在政治伦理上是依国君先后任排列，其死后神主也依先后安置，前者为祖，后者为祢，并不是依年纪大小来决定。因为文公办这次合祭的大事，将自己父亲僖公的神主置于闵公的神主上是违背礼制，所以叫做“逆祀”。从这里可以看出，《公羊春秋》虽维护亲亲伦理的主观精神，但不以亲亲害尊尊的这种尊重礼制的客观精神，更应该值得肯定与发挥。

经：冬，公子遂如齐纳币。（文公二年）

传：纳币不书，此何以书？讥。何讥尔？讥丧娶也。娶在三年之外，则何讥乎丧娶？三年之内不图婚。吉禘于庄公，讥。然则曷为不于祭焉讥？〔缘〕三年之恩疾矣，非虚加之也，以人心为皆有之。以人心为皆有之，则曷为独于娶焉讥？娶者，大吉也，非常吉也。其为吉者主于己，以为有人心焉者，则宜于此焉变矣！

纳币依例所不书，这里为何而书？是讥讽。讥讽什么？讥讽居丧期间娶亲。何休注说：“僖公以十二月薨，至此未满二十五月，又礼先纳采、问名、纳吉乃纳币，此四者皆在三年之内，故云尔。”迎娶之事实际是在三年丧期之外，为何还要讥讽守丧期间娶妻？三年之内，也不能图计婚娶之事。闵公吉禘于庄公，《春秋》讥刺之，那么为何不在文公行祫祭时讥讽？孝子服丧三年以报答父母之恩，心情沉痛，这不是虚加的，是人心都有的。人心都有，那么为什么独独在娶亲的时候讥讽？娶亲是大吉事，不是一般的吉事。因为娶亲是攸关自身的吉事，只要有良心的人，应该在这个时候行为要有所改变。守丧三年是儒家主张为人图报父母养育之恩的丧礼，守丧期间绝不图婚，包括纳采、问名、纳吉、纳币、请期、亲迎。如果在这期间急着谈婚事，显然不合为人子的情理，为古礼所不许。以古礼来衡量今天的情况，显然落差太大，究竟要怎么样安顿人生，通情达理，的确当谋求尽性的礼制。婚事是人生大事，碰到丧事要怎么办，如何处理才能突显亲情伦理。在《公羊春秋》学里有随三世变化而创制的思想，礼的设计有原则与例外的考虑，都值得再三玩味。

经：秋，七月，叔弓如宋，葬宋共姬。（襄公三十年）

传：外夫人不书葬，此何以书？隐之也。何隐尔？宋灾，伯姬卒焉。其称谥何？贤也。何贤尔？宋灾，伯姬存焉，有司复曰："火至矣，请出。"伯姬曰："不可。吾闻之也：妇人夜出，不见傅母不下堂。"傅至矣，母未至也。逮乎火而死。

经上书写着，叔弓（伯姬的侄孙即子叔敬叔）到宋国去，参加安葬宋共姬的葬礼。宋国是外国，外国夫人的死本不书写"葬"，为什么这里书写"葬"？是对她的死怀着隐痛。为什么隐痛？因为宋国发生火灾，伯姬被火烧死了。为什么称谥呢？"谥"就是古代有地位的人死了给予一个寓意褒贬的称号。这里伯姬的谥号用同宋共公谥的"共"字，称她为宋共姬，表彰伯姬有贤德。伯姬有什么贤德？宋国有大火灾，伯姬在楼上。有人说火来了，赶快跑出来吧，伯姬说不可以，为什么？因为她直接受了礼教，说："妇人夜出，不见傅、母不下堂。"如果妇女夜晚要出门，要有傅母、保母陪同才下堂，没有傅母不可以出来。可是傅母到了，保母还没有到，结果伯姬等不及，就被火烧死了。这个伯姬体现着妇女的礼教，结果令鲁国人多么痛隐。原来伯姬是嫁给宋国君当夫人的鲁君的女儿，为什么值得尊敬呢？因对鲁国而言，毕竟她是鲁国君的女儿，又这么有教养，却因守礼而死。《春秋》记载这个，表示在那个时代的妇女难得遵守礼教，有这样的女子为守礼而死，格外隐痛。通《春秋》之篇，显示经世以礼的思想。

第九节　经权义

经：九月。宋人执郑祭仲。（桓公十一年）

传：祭仲者何？郑相也。何以不名？贤也。何贤乎祭仲？以为知权也。其为知权奈何？古有郑国处于留，先郑伯有善于郐公者通乎夫人以取其国，而迁郑焉，而野留。庄公死，已葬，祭仲将往省于留，涂出于宋，宋人执之，谓之曰："为我出忽而立突。"祭仲不从其言，则君必死，国必亡；从其言，则君可以生易死，国可以存易亡；少辽缓之，则突可故出，忽可故反，是不可得则病，然后有郑国；古人之有权者，祭仲之权是也。权者何？权者反于经，然后有善者也。权之所设，舍死亡无所设。行权有道：自贬损以行权，不害人以行权；杀人以自生，亡人以自存，君子不为也。

"宋人执郑祭仲"，"祭仲"读作"蔡仲"，是郑国的宰相。为什么不称名呢？经书"祭仲"，仲只是排行，应该还有一个仲什么的，此处称字。按《春秋》之例，诸侯大夫称名氏，此处称字，故发问"何以不名？"答说：祭仲有贤德。"何贤乎祭仲"，祭仲有什么贤德呢？因为他知道"权"（变通）。这一段要说明"权"的道理。《公羊传》跟别的《传》不同，特别强调"权"，所以这里借着蔡仲的事情来讲变通的道理。《论语》里面也讲"权"，可是没有继续讲。孟子也讲"权"，只讲一点点，《孟子》里面讲男女授受不亲是礼，可是嫂子掉到井里要不要拉一把？不拉就会溺死，所以当然要拉一把。那拉一把不就违反授受不亲的规矩了吗？不，这个时候你不拉，正好犯错，孟子是透过这个例子来讲"权"。《公羊传》则透过蔡仲这个故事来讲"权"。

这里说祭仲知权，为什么他知"权"呢？先前"郑国处于留"，即郑国都城设在留这个地方。郑国先君中跟鄫公很要好，却私通鄫公的夫人，进而取得了他的国家。夺取了郐国后，设都于郐，留这个地方成了郑国的鄙邑。郑庄公去世，祭仲将前往留地省察，途经宋国，结果宋人拘押了他，对他说："为我驱逐忽，拥立突。”突是宋国的女子郑国夫人生的，所以宋国是突的外家，突的外家宋国想透过扣押蔡仲的手段立突为郑国的嗣君。但是郑国的实际嗣君应该是忽，不是突。这时郑庄公死了，祭仲是郑国的宰相，祭仲要怎么化解这个突来的危机呢？祭仲设想，如果不听从宋人条件的话，国君一定会死，郑国一定灭亡；接受条件的话，那么国君可以不死。如果听从宋人的话，国君能不死，郑国能不亡。稍微迁就一下，托延一段时间，依旧可以驱逐突，迎忽回来。如果不能实现这个应变计划，自己将蒙受逐君之罪。有了这番觉悟，才能保有郑国，后来，果然如他所设想的。

古人之中有得权变道理的，应该就是指祭仲的权变。权变的道理究竟是怎样的呢？权变是采取跟经常做法相背反的做法，却导致好的结果。运用权变是有限制的：除面临国君会死、国家会灭亡的危机之外，不轻易使用的。行使权变有个道理，那就是不可用权变去伤害他人。以杀死他人为权变让自己活着，以消灭他人为权变让自己存着，君子不会权变去做这样的事。

第十节 “经”“权”各具何义

经权义在儒学史上常容易引起质疑和误会，其中原因之一是人们对“经”“权”各具何义产生混乱，因此笔者认为有必要对这一问题予以厘清。

“经”是对“权”界定的前题。故先探究“经”的本义。按照《说文解字》解“经”作“织，从（纵）丝也”，指织布机上的纵线。由于古代的竹简是用丝线编织成册，因此就把圣人所作的书籍叫作《经》，是垂训永恒不易之道理的；后世就把《经》视为常典，训“经”为常，引伸作不易、常道等等。为了了解《公羊传》“权者反于经，然后有善者也”中“经”的意义，我们采取以经解经的方式，先探究一下典籍中“经”所具有的可能含义。

《公羊传》（昭公十三年夏）里“灵王经而死”的“经”作自缢解。《论语·宪问》中“自经于沟渎而莫之知也”，也作自缢解。

《孟子》里“经”凡十次：

1. 三次引自《诗·大雅·灵台》原文，均作“营造”解。

2. 四次“经界”(《滕文公上》)的“经”，作“界”解。

3. 二次“君子反经而已矣”、“经正则庶民兴”(《尽心下》)的“经”，取“正道、经常之理”义。

4. 另一“经德不回，非以干禄也”(《尽心下》)的“经”，取“行”义。

以上四种解释当中，把“经”解作“正道”“经常之理”，再参照孟子所说的“男女授受不亲，礼也；嫂溺，援之以手者，权也”(《离娄上》)，则与“权”相待的“经”当是指“礼”。

《左传》里所提到的“礼”就更多了，如：“礼，经国家、定社稷、序民人、利后嗣者也。”（隐公十一年秋）“夫礼，天之经，地之义，民之行也。”“礼，上下之纪，天地之经纬也，民之所以生也。”（昭公二十五年夏）均把“礼”跟“经”连结在一起。

《公羊传》里判断行为的对错标准也是用“礼”，与《孟子》的“礼”在儒家思想里应具同一含义。“经”指出“礼”为人类行为之正道、常道、纲纪。所以，《公羊传》中与“权”相待的“经”，涉及“有善”义，当取价值规范的“礼”，指维持人类行为秩序的礼法或规范，最为妥当。

对“权”的解析，我们依序考索如下：

《公羊传》：计十一次，十次在论祭仲知权传文中，另一为“竖刁易牙争权”的“权”，这是指权力、主权、权势。

《左传》：“权”有主权、权势、制谋诸义，另一为地名。

《论语》：“未可与权”(《子罕》)、“废中权”(《微子》)作“权变”解，另“谨权量”(《尧曰》)作量轻重的器具。

《孟子》里亦三见，“权然后知轻重”(《梁惠王上》)作“衡量”解，“嫂溺援之以手者，权也”(《离娄上》)，“执中无权，犹执一也”(《尽心上》)中作“权变”“权宜”解。

《荀子》里“权”有权轻重、权衡之衡量义外，与他字合称词，如权谋、权利、权称、权势、权险。

《说文解字》作：“黄华木，从木、雚声。一曰反常。”

《公羊解诂》云：“权者称也，所以别轻重。”（桓公十一年注）

“权”在《公羊传》中的含义，相对于“经”而成立，前面已经得知“经”是指人类社会在一般情况下致善的行动常规，那么“权”则是指违反一般常规而后有善的行动措施。经与权是横列的相反关系，同时，两者均是指向同一目标——善，两者看起来有相反相成的关系，所以，笔者以善统经权来诠释《公羊传》的伦理要旨。在诠释“权者反于经，然后有善者也”的时候，学术史上对“反”字颇有争论，有的取“返归”解，有的取“背反”解，各有理论背景来支持。但衡量古代有常 / 变的措辞，思想上也有原则 / 例外的思考，置于《春秋》学中汉代有“反经合道”的说法，董仲舒有经礼 / 变礼的提法，笔者以为还是以“背反”来理解“反”，比较贴切。传统用语中，“道”具有“常道”与“变道”义，“经”指“常经”即“常道”。“权”虽与“经”相反，但最终是有“善”的。“权”指变道，“经”指常道，两者都是“道”，这样的“道”当与“善”视为同义语。

第十一节　行权的条件

“权”则与“经”相反，但最终是合于“道”。由此可知行权是有一定的条件限制，并不是说行权就可以随意而为。关于行权的限制条件，我们还得回到传文所讲的“权之所设，舍死亡无所设。行权有道：自贬损以行权，不害人以行权；杀人以自生，亡人以自存，君子不为也”一段话。这段话值得我们再深入研究，先来看“权之所设，舍死亡无所设。”何解？

其中“舍”字有二解，一是作“置”解，一是作“舍”的意思。何休解作“置”，“死亡”则指自己（行权人）之死亡。徐彦解作“舍”（除非或除……之外），“死亡”则指君王之生死与国家之安危。何休说：“权的运用，如果用在安置自己死亡的事，那是不可以使用的。”徐彦说：“权的运用，只有在面临君王、国家生死存亡之际才可以用。”

再来看行权之道，这里说的行权有道是：“自贬损以行权，不害人以行权；杀人以自生，亡人以自存，君子不为也。”由上可知，行权的前提有四个要项：

1. 结果有善。

2. 免除他者死亡。

3. 自我牺牲（自贬损）。

4. 不伤害他者（不害人）。

所以，作为一个君子，如果是杀人自生，这样的权变是为了自生自存，君子是不会干的。而且君子在这里的行为显然是有更高超的要求，即权变是背反于常经，而有善的结果，如权变的结果反而导致不善，那何必权变？权变就是为了变得更好，所以，好当然是一个目标。其次是免除他人死亡，这个当然很重要，再来是自我牺牲，最后是不伤害他人。

那么行权的条件是要满足以上四项者呢？还是只要满足其一项即可呢？我们用以下图表来说明：

行权条件可能情形	利损人己的情况		（一）结果有善	（二）免除他者死亡	（三）自我牺牲	（四）不伤害他者	符合条件百分比
1	损己	损人			○		25%
2		不损人			○	○	50%
3		利人	○	○	○	○	100%
4	不损己	损人					0%
5		不损人				○	25%
6		利人	○	○		○	75%
7	利己	损人	○				25%
8		不损人	○			○	50%
9		利人	○	○		○	75%

笔者相信研究《公羊传》的学者，到现在为止，还没人对这一问题分析得这么仔细。从以上图表，从己的立场来讲，得知权变的人实施任何一个行为，必有损己、不损己、利己这三种情况。若从他人的立场来讲，配合起来就有九种情况，这九种情况，又参与四种条件——第一个要有善，第二个免除他人死亡，第三个自我牺牲，第四是不伤害他人。那么这样排下来，凡满足的就打个○，则损己利人项有满足四项，得 100%；其次有三项，得 75%；再其次有二项，

得 50%；也有仅满足一项，得 25%；也有完全无满足行权条件的，为 0%。从这个图表里，我们可看出，行权的四条件，彼此之间有一致，也有不一致。要确定行权的程度，就从符合条件数来衡量，第 3 种损己而利人的情形符合四项为最高，得 100%；其他第 6 种不损己而利人、第 9 种利己而利人符合三项为次高，得 75%；第 2 种损己而不损人、第 8 种利己而不损人均符合二项为低，得 50%；而第 1 种损己而损人、第 5 种不损己而不损人、第 7 种利己而损人均各符合一项为最低，得 25%；唯有第 4 种不损己而损人完全没有行权的条件。在此我们发现一个有趣的情形，即第 1 种损己而损人居然比第 4 种不损己而损人还有行权的资格，可见一般伦理教育中鼓吹自我牺牲是件美德，但却有盲点在，所以一味地鼓吹自我牺牲不保证一定对人有利，甚至还会造成损人的情形。第 6 种不利己而利人与第 9 种利己而利人是行权条件次高的，对有力量改变现行体制、法度、礼法者应该鼓励行权，可惜在专制体制下，主张变法者往往受到固守常经者的阻扰，实在是国家社会进步的大不幸。后代儒家教育太强调人人皆可成君子、圣贤的成德面，固无可非议，但太强调它，且排除利己的动机，没有导向不损己而利人、利己而利人的平实教育，显然有所不足。

第十二节　文实书法寓经权

《公羊传》全文中“实与而文不与”出现六次，其中指“不与诸侯专封”（僖公元年、二年、十四年）的有三次，“不与诸侯专讨”（宣公十一年）的、“不与大夫专废置君”（文公十四年）的、“不与大夫专执”（定公元年）的各有一次。凡“不与”的都是指该行动为“文”所不许，这里的“文”表面上指《春秋》之“文辞”“文王”，其实是指“礼法”，表明《春秋》“一统”的礼制，规定君臣之间应遵守的义理。但在实际情境下，君上没有能力维护天下时，臣下专断地作为是被赞许的。所以，在“文”指礼之常经的理解下，将“实”理解成改变常经的作为是贴切的。《春秋》传所说的文实，其实是反映《春秋》经权思想的另一种表述。对这样的理解，笔者将依以下经传说明：

经：齐师、宋师、曹师次于聂北，救邢。（僖公元年）

传：救不言次，此其言次何？不及事也。不及事者何？邢已亡矣。孰亡之？盖狄灭之。曷为不言狄灭之？为桓公讳也。曷为为桓公讳？上无天子，下无方伯，天下诸侯有相灭亡者，桓公不能救，则桓公耻之。曷为先言次而后言救？君也。君则其称师何？不与诸侯专封也。曷为不与？实与而文不与。文曷为不与？诸侯之义不得专封也。诸侯之义不得专封，则其曰实与之何？上无天子，下无方伯，天下诸侯有相灭亡者，力能救之，则救之可也。

经上说：齐国、宋国、曹国的军队驻扎在聂北这个地方，救邢国。依《春秋》笔法，书写了“救”就不书写“次”，既然赶着去救援，怎么又驻扎在聂北？表示赶不及了。怎么说赶不及呢？因为邢国已灭亡了。谁灭了它？大概是狄人灭的。那为什么不说狄人灭了它？是为了齐桓公避讳。为什么要为齐桓公避讳？上无天子，下无方伯，天下诸侯彼此有相灭亡的事发生，若齐桓公不能救援的话，齐桓公会感到可耻。为什么先说“次”，后说“救”？是国君领军。是国君领军，为什么说是军队？是不赞许诸侯擅自封国，而避开国君的用辞。为什么不赞许？实际上是赞许，但文辞上不赞许。文辞上为什么不赞许？做诸侯的义理是不许擅自封国的。既然做诸侯的义理是不许擅自封国的，又为什么实际上赞许？因为上无天子，下无方伯，天下诸侯彼此有相灭亡的事发生，有力量去救，就去救，是可以的。

从传文里可以领会到《春秋》的笔法是非常谨严的，既要表彰正规的礼法，诸侯不得擅自专断，所以在修辞上避开国君的专断，采用“齐师、宋师、曹师”而不用“齐侯、宋公、曹侯”的用辞，目的在彰显“诸侯之义”。书法上又透过既写“次”又写“救”来表彰齐桓公以救亡为己任的心，《春秋》为贤者避讳，一来是为齐桓公救亡不成自以为耻的承担心避讳，二来是为其专擅作为避讳。专擅的行为是不对的，但在实际情况下又不得赞许采取救急的专断措施，《春秋》赞许齐桓公的霸行，同时考虑到现实的做法与理想的坚持两面，也考虑到礼法的遵行与权变。采取权变的作为是有条件的，在符合条件下才会被赞许。以下有两则经传，所传达的传意同上一则是一样的，都是“实与文不与”，但在具体的地与事上不同。

经：春，王正月，城楚丘。（僖公二年）

传：孰城〔之〕？城卫也。曷为不言城卫？灭也。孰灭之？盖狄灭之。曷为不言狄灭之？为桓公讳也。曷为为桓公讳？上无天子，下无方伯，天下诸侯有相灭亡者，桓公不能救，则桓公耻之也。然则孰城之？桓公城之。曷为不言桓公城之？不与诸侯专封也。曷为不与？实与而文不与。文曷为不与？诸侯之义，不得专封。诸侯之义不得专封，则其曰实与之何？上无天子，下无方伯，天下诸侯有相灭亡者，力能救之，则救之可也。

经：春，诸侯城缘陵。（僖公十四年）

传：孰城之？城杞也。曷为〔不言〕城杞？灭也。孰灭之？盖徐、莒胁之。曷为不言徐、莒胁之？为桓公讳也。曷为为桓公讳？上无天子，下无方伯，天下诸侯有相灭亡者，桓公不能救，则桓公耻之也。然则孰城之？桓公城之。曷为不言桓公城之？不与诸侯专封也。曷为不与？实与而文不与。文曷为不与？诸侯之义不得专封也。诸侯之义不得专封，则其曰实与之何？上无天子，下无方伯，天下诸侯有相灭亡者，力能救之，则救之可也。

以上这两则传文行文有出入，前者原作："孰城？城卫也。曷为不言城卫？灭也"。后者原作："孰城之？城杞也。曷为城杞？灭也"。根据陈立《义疏》之校勘意见亦不一律，有据前说后衍，有据后补前脱，莫衷一是。依答"城〇也"的句型，应当是对经文"城〇者何？"的答复，笔者以为此两则均有误，若此怀疑可接受，则前后传文均文从字顺。前者应是说："城楚丘者何？城卫也。曷为不言城卫？灭也"。后者应是说："城缘陵者何？城杞也。曷为〔不言〕城杞？灭也"。而且也脱了"不言"两字，应据前句型补。不管前者是因狄灭卫而言"城楚丘"，且不说谁城卫，后者因徐、莒胁杞而言"城缘陵"且不指哪一位诸侯城杞，都是针对齐桓公专封行为的避讳，更有为其救亡而不能之心行避讳。所以，在实际情形下是赞许齐桓公专擅救亡的行为，但在正经的文辞上对专擅行为还是表示不赞许。

经：冬，十月，楚人杀陈夏征舒。（宣公十一年）

传：此楚子也，其称人何？贬。曷为贬？不与外讨也。不与外讨者，因其讨乎外而不与也，虽内讨亦不与也。曷为不与？实与而文不与。文曷为不与？诸侯之义，不得专讨也。诸侯之义不得专讨，则其曰实与之何？上无天子，下无方伯，天下诸侯有为无道者，臣弑君，子弑父，力能讨之，则讨之可也。

陈国的夏征舒弑陈灵公君而自立，楚庄王讨伐他，人人都知道楚庄王做得对，值得肯定。但是《春秋》在此还是贬他，称“人”不称“子”，为什么呢？《春秋》不许外讨。因为不许楚庄王外讨，即使内讨也不许的。《春秋》运用了“实与文不与”的书法，实际上赞同楚庄王讨伐夏征舒，但文辞上不赞同。文辞上为何不赞同？诸侯之义，不得擅自征讨。诸侯不得擅自征讨，但是这里实际上却赞同。因为当时，上无天子，下无方伯，天下诸侯有为无道的、臣弑其君的、子弑其父的，只要诸侯有能力去征讨，都可以去征讨。针对诸侯的专讨，《春秋》在文辞上不赞许，可是在没有天子、方伯去讨伐的情形下，还是赞许有能力的诸侯出面讨伐无道者和逆伦者。

经：三月，晋人执宋仲几于京师。（定公元年）

传：仲几之罪何？不蓑城也。其言于京师何？伯讨也。伯讨则其称人何？贬。曷为贬？不与大夫专执也。曷为不与？实与而文不与。文曷为不与？大夫之义，不得专执也。

按晋人及宋仲几均大夫，由于宋大夫代表宋国到成周不愿依国家大小分配筑城任务，遂遭晋国大夫韩不信擅自捉拿到京师法办。依《春秋》笔法看，书“于京师”等于认可其为伯讨，但事实上不认为晋大夫可以擅自捉拿宋国大夫，所以，贬称“晋人”，这要说明做大夫的按道理是不许可擅自捉拿大夫，可是事实上捉拿的行动确是治宋大夫不接受任务的罪，是赞许他故赋予伯讨。显然，在一般情形下，大夫不得专执，但在实际情形下也赞许治罪的专擅行动。纳入道德思考，不得专执是经，而有时赞许其违反是经，则是权。

经：晋人纳接菑于邾娄，弗克纳。（文公十四年）

传：纳者何？入辞也。其言弗克纳何？大其弗克纳也。何大乎其弗克纳？

晋郤缺帅师，革车八百乘，以纳接菑于邾娄，力沛若有余而纳之。邾娄人言曰："接菑，晋出也；貜且，齐出也。子以其指，则接菑也四，貜且也六。子以大国压之，则未知齐、晋孰有之也，贵则皆贵矣。虽然，貜且也长。"郤缺曰："非吾力不能纳也，义实不尔克也。"引师而去之，故君子大其弗克纳也。此晋郤缺也，其称人何？贬。曷为贬？不与大夫专废置君也。曷为不与？实与而文不与。文曷为不与？大夫之义，不得专废置君也。

依传文，经书"晋人"是指晋大夫郤缺。接菑与貜且是邾娄国文公的儿子，前者是次妃晋姬之子，貜且是元妃齐姜之子。在邾娄文公去年过世后，邾娄人立貜且为君，是为定公。但接菑投奔外祖父家晋国，想仗其晋国武力回国争君位，此时晋大夫郤缺领大军战车八百乘入邾娄国立接菑，力量充沛有余。但邾娄人说："接菑是晋女生的，貜且是齐女生的，你用你的手指算，接菑占四指，貜且占六指，你以大国来压人，那也不知齐国或晋国谁能拥有。尊贵都尊贵，纵使这样，貜且年纪较长。"郤缺说："不是我的能力不能立接菑，而是道义上不能这样做。"于是就带着军队走人。所以，君子重视他依义而不做。这是晋大夫郤缺，为何称作"人"，是贬斥。为什么贬斥？是不赞许大夫专擅废立国君。为什么不赞许？实际上赞许而文辞上不赞许。为什么文辞上不赞许？大夫的道里是不可以擅自废立国君的。

由以上六例，知道《春秋》传以"实与文不与"解明书法的含义，诠释出道德判断的守经达权的思想——在实际行动上虽坚持礼法的遵守，但同时也考虑到对权变作为的认可。

第八讲　灾异义、变悔义

古人有天人感应的观念，《公羊传》认为《春秋》经之所以记录了大量的灾异，正是孔子作《春秋》通过天象来谈政治，奉天以警君。灾是指灾害，对人和事物造成损害；异是指怪异之事，但未造成损害。《公羊传》对『灾』与『异』是有明确的区分。

孔子作《春秋》，为了建构一个理想的政治蓝图，目的在为后世立法，有助于后世圣人建设一个和谐的世界。想来《春秋》记录了大量的灾异事件，不会毫无缘由，因为人类生存在天地之间，活动在自然界，人类的所作所为都与天地自然的环境有彼此互动的关系。在中国先民那里，自古以来就蕴育着天人感应的思想。

天人感应思想见诸经典中，则莫早于《尚书·洪范》，记载人们对灾异的解读，反省自己的所作所为是否符合仁义原则，进而改过迁善。在古代，特别是春秋时代以前，那些在位者甚至于是天子，地位崇高，德位一般都是相配的，他们面对的，上面是皇矣上帝，下面是黎民百姓。对上，要契合天心，对下，向黎民百姓负责，故而灾异对他们来说，是非常敏感，足以引发重大问题。公羊学家认为《春秋》大量的记录灾异，当是继承这一古代的信仰。

在历史上，存在着对天人感应作过度简单化、庸俗化和僵化的理解，如谶纬之书那样，将天人关系比附得十分离奇烦琐；自近世以来，人类理性开始启蒙，科学精神高涨，对天人感应的思想简单地斥之为幼稚和迷信，甚至加以全面否定。天人感应的事实上是人类长久以来从生存经验中观察和体验出来的，在人类的自然语言中，所谓的“天人感应”的确切意思有许多不同的含义，也关系到天、人各取的含义是什么，如果没有厘清，所有的争论也都难以取得交集。从中国哲学的基本信念来说，将“仁者以天地万物为一体”的命题，唯有仁者证得，以其能大其心之故。若从孤立的眼光看问题，是很难体会到宇宙万物在那一层面是一体的，在生命的发展上，看出彼此之间的同本异枝实况。晚近诸多环境哲学的提出，无疑地为传统阴阳五行的理论作注脚。以下，先略述《春秋》经传中所蕴含的灾异记录与思想。

第一节 《春秋》灾异类记与数目

古人有天人感应的观念，《公羊传》认为《春秋》经之所以记录了大量的灾异，正是孔子作《春秋》通过天象来谈政治，奉天以警君。灾是指灾害，对人和事物造成损害；异是指怪异之事，但未造成损害。《公羊传》对“灾”与“异”是有明确的区分，见下：

经：冬，十月霣霜杀菽。（定公元年）

传：何以书？记异也。此灾菽也。曷为以异书？异大乎灾也。

何注：“异者，所以为人戒也。重异不重灾，君子所以贵教化而贱刑罚也。周十月，夏八月，微霜用事，未可杀菽。菽者少类为稼，强季氏象也。是时定公喜于得位，而不念父黜逐之耻，反为淫祀，立炀宫，故天示以当早诛季氏。”何休解释“异大乎灾”，说《春秋》记“异”，是给人们垂训上天的警戒。君子体天意，所以，在经世上贵教化而贱刑罚。“灾”属惩罚性质，“异”可是告诫性质，在儒家任德不任刑的诠释下，“异”比“灾”所呈现的天意更值得关切，而不是说“异”比“灾”带来的结果损害较大。

经：夏，自十有二月不雨，至于秋七月。（文公二年）

传：何以书？记异也。大旱以灾书，此亦旱也，曷为以异书？大旱之日短而云灾，故以灾书。此不雨之日长而无灾，故以异书也。

何注：“此禄去公室，政在公子遂之所致也。不就庄三十一年发传者，此最甚事者。”传文说大旱持续时间短而有灾害，所以，以灾害记录。久不下雨，干旱时间长，却没有对农作物产生灾害，所以，就以异象记录。何休注释说，此种异象的出现，是因为诸侯国的朝廷失去爵禄赏罚之权，国家的政权下移到诸公子大夫的缘故。

《春秋》经记录灾异现象非常多，依照刘逢禄在《何氏释例》中的分类与归纳，但因刘著所列有脱落，依笔者校补后，修正原来统计的数目，列之如下：

日食 36、晦 2、星变 4、雷震 2、雨雪 3、雨雹 3、霜 2、雨木冰 1、无冰 3、不雨 6、大旱 2、大雩 20、大水 9、地震 5、地陷 1、山崩 1、水涌 1、螟 3、螽 11、饥 3、无麦苗 1、大无麦禾 1、火灾 6、人屙 1、疾疫 1、牛祸 4、虫禽兽异 4、雨 1、蝝生 1、有年 1、大有年 1、麟瑞 1、外灾异 5，凡 146 条。

按《春秋》经文共 16446 字，计 1895 条，而所计灾异条目计 146 条，约占经文总条目的 7.7%。《公羊传》明文书“记灾”一共有 16 条，“记异”共计 32 条。按照“详内略外”书例，“外灾不书”，今书者有：新周 1 条，为王者之后 1 条，及我 2 条；“外异不书”，今书者有：为天下 3 条，为王者之后 2 条。

第二节 为何书写有关灾异？

孔子作《春秋》，其中记灾、记异必定有他记载的理由，只是经文精简，其理由则诉诸口传，陈述所书写的价值和意义。无疑地，《公羊传》的诠释蕴含者天人感应的思想，从学术传承来看应该也是出自孔子的《春秋》说，可是有些学者还是不肯承认。其实《春秋》灾异说中的天人感应观远承久远的古代，今人黄肇基《汉代公羊学灾异理论研究》（台湾：文津出版社，1998 年）已有述及，不必赘言。通过《公羊传》，笔者认为孔子作《春秋》记录灾异所传达的寓义有三个方面：

1. 知识——关注自然界环境的变异与灾害。

2. 宗教——呈现敬畏天命与天人感应的信仰。

3. 政治——显现新周、内外、三统的微言。

这些寓义在《公羊传》中以“不时”（不合时令）、“及我”（波及我国）、“重”（对民生影响严重）、“�甚”（天甚怒）”、“缓”（不及事）、“漫”（郊牛之身徧受鼷鼠食，灾，不敬）、“天戒之”（天示戒）、“上变古易常，应是而有天灾，其诸则宜于此焉变矣”（天示警人宜悔改错误，回归常道）诸多字辞陈述出来。

下面我们来看经传中的灾异举例。

例一：

经：三月癸酉，大雨，震电。（隐公九年）

冬，十月，雨雪。（桓公八年）

十有二月，賈霜不杀草，李、梅实。（僖公三十有三年）

冬，十有二月，螽。（哀公十有二年）

经文“震”指雷；“雨”指降下，“賈霜不杀草”指降霜却不杀死草，李、梅结了果实；“螽”指发生了蝗灾。以上经文四条，传文均一样：

传：何以书？记异也。何异尔？不时也。

传为什么记录这些事？是记录异象。有什么异象？是不合时令的现象。这些现象在不当出现的季节却出现，成了不寻常现象。

例二：

经：秋，宋大水。（庄公十有一年）

传：何以书？记灾也。外灾不书，此何以书？及我也。

宋国发生大水灾，为何记录此事？为记录灾害。鲁国之外的灾害，按例是不书的，这里为什么要书写？因为波及了我国，依《公羊春秋》的说法，这个纪录显然有涉及内外与三世的书法问题。

经：夏，齐大灾。（庄公二十年）

传：大灾者何？大瘠也。大瘠者何？痢也。何以书？记灾也。外灾不书，此何以书？及我也。

齐国发生了大灾害。大灾害指什么？是指大疾病。什么大疾病？是瘟疫。为什么记录此事？为灾害记录。鲁国之外的灾害，按例不书写，这里为什么要书写？因为灾害连累到我国。

例三：

经：饥。（宣公十年）

传：何以书？以重书也。

何休注："民食不足，百姓不可复兴，危亡将至，故重而书之。明当自觉省减，开仓廪，赡赈之。"这里指国内发生饥荒，为何要记录？因为事关民生重大问题。问题严重，说明在位者应当节减开销，开仓廪赈灾。

经：三月庚辰，大雨雪。（隐公九年）

传：何以书？记异也。何异尔？俶甚也。

何休注："俶，始怒也。始怒甚，犹大甚也。盖师说以为平地七尺雪者，盛阴之气也。八日之间，先示隐公以不宜久居位，而继以盛阴之气大怒，此桓将怒而弑隐公之象。"为什么要书写？为了记录下雪下得太厚了，上天发怒示警，所以要记录。

经：春，王正月，郊牛之口伤，改卜牛。牛死，乃不郊，犹三望。（宣公三年）

传：其言之何？缓也。曷为不复卜？养牲养二卜。帝牲不吉，则扳稷牲而卜之。帝牲在于涤三月，于稷者唯具是视。郊则曷为必祭稷？王者必以其祖配。王者则曷为必以其祖配？自内出者无匹不行，自外至者无主不止。

《春秋》经文书写宣公三年春王正月，郊牛的口受伤，换头牛来占卜，牛死了，于是不郊祭，但还举行三望之祭。传文解释经文书写"郊牛之口伤"，相较之后书写"食郊牛角"（成公七年春）时有"之"字，是为什么？为使语气平缓。牛死了为何不再次占卜另一条牛？养牺牲养占卜过的两头牛。祭天帝的牛若有不吉，则引祭后稷的牛，占卜是否可以替代。祭天帝的牛要在涤宫中养三个月。祭后稷的牛，只看是否完好无损就可以了。郊天为什么一定要祭祀后稷？因为王者尊本重始，一定要以始祖配享天帝。王者为何一定要以始祖配享天帝？好比自族内而出的先祖，没有匹配不能行远。自外而来的天帝，没有主人则不能留止。何休在注中说："辞间容之，故为缓，不若食角急也。别天牲，主以角书者，讥宣公养牲不谨敬，不洁清而灾，重事至尊，故详录其简甚。"

经：鼷鼠食郊牛，牛死，改卜牛。（定公十有五年）

传：曷为不言其所食？漫也。

鼷鼠吃了准备郊祭用的牛，牛死，换一头牛来占卜。为何不说鼷鼠吃了牛的哪个部位？因为牛遍身都被吃了。何休注说："漫者，遍食其身，灾不敬也。不举牛死为重，复举食者，内灾甚矣。"《春秋》以内为天下法，动作当先自克，对郊牛遍身被吃一事，视同大灾。

例四：

经：九月己卯，晦，震夷伯之庙。（僖公十有五年）

传：晦者何？冥也。震之者何？雷电击夷伯之庙者也。夷伯者，曷为者也？季氏之孚也。季氏之孚则微者，其称夷伯何？大之也。曷为大之？天戒之，故大之也。何以书？记异也。

经文书写僖公十五年九月已卯日白天变暗冥，雷击夷伯的庙。《传》解"晦"是什么？是黑暗。"震之"指什么？指雷击夷伯的庙。"夷伯"是何等人物？是季氏的亲信。季氏的亲信是低微的人，怎称为"夷伯"呢？是尊大他。为什么尊大他？上天警戒他，所以尊大他。为什么书写？为异常记录。

大白天天冥地暗，雷击了夷伯的庙。夷伯只不过是季氏宠信的家臣，这里却称他为"伯"，称谓超过大夫，为什么呢？原来《春秋》以此来夸大夷氏的身份，以此为异象，表明上天的警告。何休认为这是象征着齐桓公德业走向衰落，楚国称强以邪胜正，象征着鲁僖公受蔽于季氏、季氏受蔽于陪臣，陪臣执国命，已僭越了礼制，上天借此雷击意谓应该除掉这些遮蔽公室之人。

例五：

经：冬，蝝生。（宣公十有五年）

传：未有言蝝生者，此其言蝝生何？蝝生不书，此何以书？幸之也。幸之者何？犹曰受之云尔。受之云尔者何？上变古易常，应是而有天灾，其诸则宜于此焉变矣。

经书宣公十五年冬天，蝗幼虫出现。

传说《春秋》经没有说过蝗幼虫出现的，为什么这里如此说？依书法，出现蝗幼虫是不书写的，为什么这里书写？是侥幸见到蝗幼虫。为什么说侥幸见到蝗幼虫？像说接受它就是了。为什么说接受它就是了呢？因君上改变了自古常行的什一税制，而有天灾相应出现，这岂不是应该在此刻作法要有所改变？

何注："言宣公于此天灾饥后，能受过变寤，明年复古行中，冬大有年，其功美过于无灾，故君子深为喜而侥幸之，变螽言蝝，以不为灾书，起其事。"何休以为宣公经过此次异常蝗幼虫的出现，能够自我变悔，第二年恢复了古制，获得大丰收，他的功绩盖过了这次小灾异。君子为之感到庆幸，不记录"螽"而记录"蝝"，不以书写天灾来说这件事。

经：六月，雨。（僖公三年）

传：其言"六月，雨"何？上雨而不甚也。

经书六月下雨是为什么？因为之前的雨水并没有缓解旱情。何注："所以详录贤君精诚之应也。僖公饬过求己，六月澍雨；宣公复古行中，其年谷大丰；明天人相与报应之际，不可不察其意。"何休认为此是记录有贤德的君王精诚感应所至。僖公即位由于不体恤百姓，因此发生旱灾，之后僖公恐惧自省，诚心改过，因而六月下大雨，缓解了灾情。说明了天人感应是实有的事，为政者不可不虚心体察天意啊！

第三节　灾异义

《春秋》所记灾异事象共有 146 条，《公羊传》明书记灾、记异的文字共有 48 条。对《春秋》所记灾异如何看待，在《公羊传》仅有一条是如此解释的："上变古易常，应是而有天灾"一语，如果参酌《论语·子罕》所记载的子曰"凤鸟不至，河不出图，吾已矣夫"的话，更能肯定那是出自《诗》《书》以来的天人感应思想。笔者有幸读到 2002 年出版的《上海博物馆藏战国楚竹书（二）》，其中有《鲁邦大旱》残简一篇，其首简：

鲁邦大旱，哀公谓孔子："子不为我图之？"孔子答曰："邦大旱，毋乃失诸刑与德乎？唯【一】

从这段简文中，孔子答鲁哀公的问话时说："邦大旱，毋乃失诸刑与德乎？"这不是将邦大旱的原因归诸国君的刑德之失吗？在孔子的思想中，将邦大旱归因为国君失刑与德，而止大旱之道在正刑与德，最值得体察是"以事上天"这一句，显然，孔子相信上天。从孔子信仰上天的角度就好解释为什么孔子提出国君"正刑与德"是事奉上天、祈求上天下雨的信仰途径。

《公羊传》的灾异思想在汉代的《公羊春秋》家董仲舒、何休继续发扬，对灾异的说法，彼此不免有所出入。董仲舒云：

天地之物，有不常之变者谓之异，小者谓之灾；灾常先至而异乃随之。灾者，天之谴也；异者，天之威也。谴之而不知，乃畏之以威，《诗》云"畏天之威"，殆此谓也。凡灾异之本，尽生于国家之失；国家之失乃始萌芽，而天出灾异以谴告之。谴告之而不知变，乃见怪异以惊骇之。惊骇之尚不知畏恐，其殃咎乃至，以此见天意之仁而不欲害人也。（《春秋繁露·必仁且智》）

臣谨案《春秋》之中，视前世已行之事，以观天人相与之际，甚可畏也。国家将有失道之败，天乃先出灾害以谴告之，不知自省，又出怪异以警惧之，尚不知变，而伤败乃至。以此见天心之仁爱人君而欲止其乱也。(《对策》)

然书日蚀、星陨、有蜮、山崩、地震、夏大雨水、冬大雨雪、陨霜不杀草、自正月不雨至于秋七月、有鸜鹆来巢，《春秋》异之，以此见悖乱之征。(《春秋繁露·二端》)

从《公羊传》及何休《解诂》的解释中，说明天人相与之际，无论灾或异均是由人间作为不当而招致上天警告与谴责，是人先感天而后天应人的关系；上天先异而后降灾，是先示警，示警不听而后施予灾谴；可是董仲舒的解释为先灾而后异，灾谴后而不知变，再以怪异惊骇之，惊骇而不知畏恐，则殃咎伤败乃至。看来，两者对“异”的解释相同，但对灾者则略有差。传与何注的“灾”应指董仲舒所谓的“殃咎伤败”，是后于“异”而来，但董仲舒视小者谓之“灾”，乃先异而行的，至于后异而行的才是殃咎伤败，其差别只是对天之应人采取二分说与三分说的不同，但所有的解释都预设着“凡灾异之本，尽生于国家之失”，也就是人感天的结果。后来何休诠释更加细致，谓因人行某事而致天有某灾异之应，天应之于人的就是“象”。例如：

经：九月己卯，晦，震夷伯之庙。(僖公十有五年)

传：晦者何？冥也。震之者何？雷电击夷伯之庙者也。夷伯者，曷为者也？季氏之孚也。季氏之孚则微者，其称夷伯何？大之也。曷为大之？天戒之，故大之也。何以书？记异也。

而何注：

此象桓公德衰，强楚以邪胜正，僖公蔽于季氏，季氏蔽于陪臣，陪臣见信得权，僭立大夫庙，天意若曰：蔽公室者，是人也，当去之。

经：冬，十月賈霜杀菽。(定公元年)

传：何以书？记异也。此灾菽也。曷为以异书？异大乎灾也。

而何注：

异者，所以为人戒也。重异不重灾，君子所以贵教化而贱刑罚也。周十月，夏八月，微霜用事，未可杀菽。菽者少类为稼，强季氏象也。是时定公喜于得位，而不念父黜逐之耻，反为淫祀，立炀宫，故天示以当早诛季氏。

经：夏，自十有二月不雨，至于秋七月。（文公二年）

传：何以书？记异也。大旱以灾书，此亦旱也，曷为以异书？大旱之日短而云灾，故以灾书。此不雨之日长而无灾，故以异书也。

而何注：

此禄去公室，政在公子遂之所致也。不就庄三十一年发传者，此最甚事者。

经：六月，辛丑，蒲社灾。（哀公四年）

传：蒲社者何？亡国之社也。社者封也，其言灾何？亡国之社盖揜之，揜其上而柴其下。蒲社灾，何以书？记灾也。

而何注：

蒲社者，先世亡国在鲁竟。戒社者，先王所以威示教戒诸侯使事上也。灾者，象诸侯背天子，是后宋事强吴，齐晋前驱，滕薛侠毂，鲁卫骖乘，故天去戒社，若曰：王教灭绝云尔。

清代刘逢禄作《春秋公羊经何氏释例》，其《灾异例》释言云：

灾异者，圣人所以畏天命，重民命也。圣人之教民，先之以教，而后诛随之。天之告人主，先之以灾异，而后乱亡从之。其任教而不任刑，一也。六经皆言灾异，《诗》《礼》师失其传，伏生之于《书》，京房之于《易》，董仲舒、刘向之于《春秋》，大义略同，惟刘歆为异。其于天人相与之际，皆能精微眇以喻其意，通伦类以贯其理，则皆措之于事而可行，非概以恐惧修省之言惑当世也。

传统对《春秋》记灾异的诠释，见何休所注颇多针对性，而刘逢禄则体贴圣人心志，凡灾异者皆圣人所以教人畏天命、重民命，于天人相与之际，诸家能喻其理意，措诸其行事，非概迷言之言惑当世，但还是不免引起后人非议。陈柱著《公羊家哲学》(1928年)，其《灾异说》云：

《春秋》记灾异甚众，然公羊之传，亦不过言其为灾为异而已，未尝言其所以为灾所以为异也。而何休《解诂》则傅会穿凿以实之。……僖公十四年经书曰："秋八月辛卯沙鹿崩。"传曰："外异不书，此何以书？为天下记异也。"如是而已。何休《解诂》则曰："齐桓将卒，霸道毁，夷狄动，宋襄承其业，为楚所败之应。"是天以地示警于人矣。诸如此类，不胜枚举，凡经之所书，传申之曰记灾记异，可也。何也？灾者君子之所当恤，异者君子之所当考也。……在孔子之时，科学未兴，未明厥理，故以其异者书之于经，然非以为祆祥也。书日食星陨之异，以考天文；书风雨雪雹之变，以恤民患而已。其书多麋多蜮，则留心于博物学而已。其书沙鹿崩，则留心于地理学而已。汉世儒者，暗于科学，未明经恉，故何休释《公羊传》亦遂迷信傅会之说，斯亦无足深责者。今则科学大明，祆祥感应之说，宜其可以除矣。

对公羊家之灾异说，陈柱评论当有代表性，但未必精准，然而传文"上变古易常，应是而有天灾"一语绝非不解其"所以"灾异者，又视祆祥感应之说为迷信，以科学知识破解天人相感的信念，只见于知识之博考而未体全《春秋》之深意，颇为可惜。以当今科学来来，公羊家将自然事实与人文价值混同了，可是仔细深究，自然灾变与人为造作完全无关吗？近百年来科技突飞猛进，地球上的生存环境遭受到人为无知的破坏，产生失衡，明显地威胁到人类的生存，于是有心之士提出了生态哲学，视人类的生存与自然的环境彼此息息相关，事实与价值原是交融的而不是互斥的，理性的区分不等于本体的断裂。自然界的变迁影响到人类存在的命运，人类的作为也在改变自然的环境。这些在今天都是科学常识，但如此的人文思想却含藏在传统经典的义理里面。后人能大其心而体天下物，将不泥于事实知识，体察宗教与政治的经世价值，则《春秋》之微言大义必更加显豁。

第四节　变悔义

《公羊传》讲“变”共有三处，有因导致天灾的“变古易常，应是而有天灾”之“变古”，有悔过、改过之“宜于此焉变”之“宜变”，也有终能悔改迁善之“能变”。

经：冬，蝝生。（宣公十有五年）

传：未有言蝝生者，此其言蝝生何？蝝生不书，此何以书？幸之也。幸之者何？犹曰受之云尔。受之云尔者何？上变古易常，应是而有天灾，其诸则宜于此焉变矣。

何注：“言宣公于此饥后，能受过变寤，明年复古行中，冬‘大有年’，其功美过于无灾，故君子喜而侥幸之，变‘螽’言‘蝝’，以不为灾书，起其事。”

这一段经传，上一节已作过解释，此处不再重述。

经：冬，公子遂如齐纳币。（文公二年）

传：纳币不书，此何以书？讥。何讥尔？讥丧娶也。娶在三年之外，则何讥乎丧娶？三年之内不图婚。吉禘于庄公，讥。然则曷为不于祭焉讥？〔缘〕三年之恩疾矣，非虚加之也，以人心为皆有之。以人心为皆有之，则曷为独于娶焉讥？娶者，大吉也，非常吉也。其为吉也主于己，以为有人心焉者，则宜于此焉变矣！

依周代婚礼程序，有纳采、问名、纳吉、纳征、请期、亲迎等六阶段。此纳币即纳征，也就是下聘礼。按文公之父僖公死，守丧未满二十五个月即图纳币，虽亲迎于文公四年夏天，已在三年之外。所以，传文说明《春秋》为何书“公子遂如齐纳币”，照书法纳币是不书写的，那此书写的目的是在讥讽，有什么好讥讽？是讥讽文公丧娶，文公亲迎在三年之外，怎么讥讽他丧娶？原来依礼三年之内不图婚。前经文中，闵公二年夏五月乙酉“吉禘于庄公”，传发：“吉禘于庄公何以书？讥，何讥尔？讥始不三年也。”那为什么不在祭祀时候讥讽？因为三年之恩而哀痛，不是虚加的，是人心都有的。因人心都有，为什么独独在婚娶时讥讽？婚娶是大吉事，不是通常吉祥事，这种大吉事主要是自己，以为有人心的人，就应在此时有所改变。何注：“主于己身，不如祭祀，尚有念先人之心。变者，变恸哭泣也。有人心念亲者，闻有欲为己图婚，则当变恸哭泣矣；况乃至于纳币成婚哉！”何休认为“则宜于此焉变矣”，就是应该听到他人提及自己的婚事时，不是感觉到高兴，而是把尚未报答父母恩情时时放在心上，哪还有心在守丧期间图自己的婚事？《春秋》的讥讽是在唤起主人仁心的流露，改过迁善，循礼而行。

经：秦伯使遂来聘。（文公十有二年秋）

传：遂者何？秦大夫也。秦无大夫，此何以书？贤缪公也。何贤乎缪公？以为能变也。其为能变奈何？惟諓諓善竫言。俾君子易怠，而况乎我多有之，惟一介断断焉无他技。其心休休，能有容，是难也。

遂是什么人？是秦国的大夫。秦国没有大夫，此处为何书名“遂”？因为秦缪公有贤德。秦缪公有何贤德？《春秋》以为他能够悔悟。他能够悔悟是怎么回事？《秦誓》中缪公说：“浅薄之人空口编撰动人的言语，往往能让君子轻易相信，何况我身边有许多这样浅薄之人。心诚专一而不希冀奇巧异端，心地宽厚，就能够含容逆耳之言。”这是难能可贵的。何注：“是难行也。秦缪公自伤前不能用百里奚、蹇叔子之言，感而自悔，遂霸西戎，故因其能聘中国，善而与之，使有大夫。子贡曰：‘君子之过也如日月之食焉，过也人皆见之，更也人皆仰之。’此之谓也。”何休说秦缪公感伤当初没有听百里奚、蹇叔他们的话，而有殽之战的失败，但自此深感后悔后，与中原诸国相往来，故《春秋》许其有大夫来聘，亦是对秦缪公有贤德——勇于自我改变的赞许。

第五节　《春秋》灾异示变寓意

《春秋》记灾异，关照人类存在环境的异常现象、天命的转移、政治的变革、伦理的经权、人心的变悔，充分蕴含着天人感应与敬畏天命的思想。依笔者的了解，其记灾异以示变的寓意主要有：

1. 因变古易常而导致灾祸。这里的“古”“常”与“反经”之“经”意思相同，都是指“中正”之制，或是说为“正”的意思；而“反”字这里则是指“悖反”之义，这就是指由于“变经”从而导致灾祸。如：

经：初税亩。（宣公十有五年秋）

传：初者何？始也。税亩者何？履亩而税也。初税亩，何以书？讥。何讥尔？讥始履亩而税也。何讥乎始履亩而税？古者什一而借。古者曷为什一而借？什一者天下之中正也。多乎什一，大桀、小桀；寡乎什一，大貉、小貉。什一者天下之中正也，什一行而颂声作矣。

鲁宣公十五年开始实行税亩制度。传文上说，“初”是什么意思？是开始。“税亩”是什么意思？是以步伐丈量土地的多少来征税。初税亩为什么要书写？是为了讥讽。为什么讥讽？是讥讽开始以步伐丈量土地的多少来征税。为什么讥讽开始以步伐丈量土地的多少来征税？因为改变自古以来实行的井田制度，那是借人民十分劳动力中取一分来耕公田。怎么叫做借人民十分劳动力中取一分来耕公田？因为借人民十分劳动力中取一分来耕公田是天下的中正。多于十分取一等于大小夏桀的奢侈，少于十分取一等于大小蛮貉的简陋。十分取一的井田制度才是天下的中正。实行十取一的井田制度，天下太平的颂声就起来了。何休认为当时鲁宣公无恩信于民，民不肯尽力于公田，所以就改税制，以步伐丈量土地的多少来征税。实际上是按私田谷子收成最好的那块为标准来征税，其他政府一概不管，民众生活与政府关系就疏远了。他说中正的井田制度一旦实行，人民莫不安乐其业，天下颂声必扬起。

经书宣公十五年“秋初税亩”，冬就“蝝生”，传文就说是：“上变古大易常，应是而有天灾，其诸则宜于此焉变矣。”可知《春秋》示天灾，寓以人当悔改的深意。

2. 变（反）经（正）有善，这是变而有善。

经：秋，蔡人、卫人、陈人从王伐郑。（桓公五年）

传：其言从王伐郑何？从王，正也。

诸侯从王征伐是正法。按照礼制，天子不亲征下土。这里天子亲征本为非礼，但是三国诸侯随从天子讨伐郑国，则是正法。

经：秋，七月，天子使召伯来锡公命。（成公八年）

传：其称天子何？元年，春，王正月，正也，其余皆通矣。

这里经文为什么称“天子”？“元年，春，王正月”是正规的书写，其他不系于元年的或言“王”，或言“天王”，或言“天子”皆相通，是透过用名称的改变来表现对于该行动的褒贬与是非，说明《春秋》书法有正（常）例、变例。

3. 新（变）周以示《春秋》当新王。

经：夏，成周宣谢灾。（宣公十有六年）

传：成周者何？东周也。宣谢者何？宣宫之谢也。何言乎成周宣谢灾？乐器藏焉尔。成周宣谢灾，何以书？记灾也。外灾不书，此何以书？新周也。

成周是东周，周宣王乃周中兴之王，有功故不毁其宫庙，里面珍藏着周宣王中兴所作的乐器。按《春秋》之例，鲁国之外发生的灾害不书，那东周时周宣王的宫庙发生了火灾，为什么要记录？因为将周朝视为新的二王后。何注：“孔子以《春秋》当新王，上黜杞，下新周，而故宋。因天灾中兴之乐器，示周不复兴，故系宣谢于成周，使若国文，黜而新之，从为王者后记灾也。”依公羊家的微言，东周时周宣王的宫庙火烧了，依《春秋》书法是不书写的，因为它属外灾，外灾是不书写的，如今为什么书写？是“新周”。此“新周”之“新”作动词，在《公羊春秋》的“存三统”义里表示周命已失，沦为《春秋》的二王后，此处记灾也等于是为王者之后记灾。

4. 记异“获麟”托太平可致，微者亦可以为王。

经：哀公十有四年，春，西狩获麟。

传：何以书？记异也。何异尔？非中国之兽也。然则孰狩之？薪采者也。薪采者则微者也，曷为以狩言之？大之也。曷为大之？为获麟大之也。曷为获麟大之？麟者仁兽也。有王者则至，无王者则不至。有以告者曰：“有麇而角者。”孔子曰：“孰为来哉！孰为来哉！”反袂拭面，涕沾袍。颜渊死，子曰：“噫！天丧予。”子路死，子曰：“噫！天祝予。”西狩获麟，孔子曰：“吾道穷矣！”《春秋》何以始乎隐？祖之所逮闻也。所见异辞，所闻异辞，所传闻异辞。何以终乎哀十四年？曰：备矣！君子曷为为《春秋》？拨乱世，反诸正，莫近诸《春秋》。则未知其为是与？其诸君子乐道尧舜之道与？末不亦乐乎尧舜之知君子也？制《春秋》之义以俟后圣，以君子之为，亦有乐乎此也。

《春秋》在开始书写“元年春，王正月”，在末尾又书写“十四年春，西狩获麟”。其文，始终书“春”，表明始终相应，有生生奉元之义。其义，始标文王一统，继述五霸尊王，文不与而实与，拨乱反正，乃至微者亦可获麟，人人皆可以为尧舜。麟是仁的象征，仁者善之长也。《春秋》贵元记灾异，《大易》传天垂象见吉凶，两经相贯，其义可谓丰富而深远矣。

第九讲《春秋》“一统”衍义

“《春秋》大一统”是说《春秋》重视“一统”，而不是“大一统”。推定《春秋》大一统，其义含三，即尊王、居正与贵元。尊王义未必如今世所虑，导致独裁专制，凡礼当以时为大，因革损益以符中道，尊生体元，布政施教皆一于正。《春秋》托文王以致太平的理念，在当今政治哲学的思考上依然具有永恒的价值。

在讨论中国史学史的时候，很难回避所谓“正统”问题，对此，至今已有学术专著讨论过①。笔者从专著资料及其结论中发现，梁启超对中国史家之论正统，直斥其谬，谓其立论，不外二因，其一是君臣自私本国，其二便是陋儒误解经义，煽扬奴性②。继之，则有赵令扬，指出历史上的正统论根本上都是作臣子的，配合时代需要，为当朝主子服务的③，即采取前项的御用解释；而饶宗颐则依学论学，从立论根据、含义滑动、史学精神指出“正统”理论的精髓就在阐释如何始可承统，如何方可谓“正”的真理④，弥足珍贵。最近，读到张其贤《正统论、中国性与中国认同》⑤一文，更证明了“正统论”到今天仍持续影响着两岸的政治思维，遂让笔者再探“正统”思想立论之本源。

本文从经学角度，探讨《春秋》“一统”义之然及其所以然，故先厘清“一统”字义，批判其中某些混淆与误解；其次，缘公羊家之解读，尝试推原其义；最后，检讨《春秋》“一统”义在当今可能具有的意义。

第一节 厘清与“一统”相干的诸概念

在研读《春秋》学诸文献里令人最感到困惑的是：作为《春秋》义的到底

① 赵令扬，《关于历代正统问题之争论》（香港：学津出版社，1976）、饶宗颐《中国史学上之正统论》（台湾：宗青图书出版公司，1979年初版）。

② 梁启超，《论正统》（《分类饮冰室文集全编》卷11），见饶宗颐，《中国史学上之正统论》，页248-252附录资料。

③ 赵令扬，《关于历代正统问题之争论》一书结论，页72。

④ 饶宗颐，《中国史学上之正统论》，页56-59。

⑤ 张其贤，《正统论、中国性与中国认同》，《政治科学论丛》第64期（2015年）。

是指“大一统”义，还是“一统”义？进而“一统”是否等同“统一”？“一统”到底是强调“统”，还是“一”？何谓“统”？何谓“一”？史论出现“正统”一辞首见何处，其义是否等同“一统”？两辞相较，若义相同，那“正”是否就是“一”的另一表达？其实对这些问题的厘清，也会涉及经今古文学诠释传承的不同，还有《春秋》史法或笔法修辞上的差异，解读《春秋》必然受到《春秋》三传不同立场的制约，但最终还是要在孔子“修”《春秋》或“作”《春秋》的问题上作一判别；显然，《春秋》“一统”义究竟如何解读或诠释，势必要回归孔子之志才具有合理性。

先说，作为《春秋》义名目之一，是“大一统”，还是“一统”？一般大都受到历史教科书、学术著作或论文推波助浪的影响[①]，“大一统”成了“大大的一统”，这里“一统”作名词，以“大”作形容词，形成一独立完整的专词。但在特殊的文脉下，“大”却成了“以〇为大”的重视、赞赏、推崇的评价字眼。“大一统”一词仅初见于《春秋公羊传》一次：

经：（隐公）元年春王正月

传：元年者何？君之始年也。春者何？岁之始也。王者孰谓？谓文王也。曷为先言王而后言正月？王正月也。何言乎王正月？大一统也。

此条传文是解释经文“王正月”的，传文自问自答，谓经文为什么先言“王”而后言“正月”？是要表明这“正月”是“王”的“正月”，不是其他旧王或别王者的“正月”，是新王的“正月”，为什么要这样说呢？为了尊重新王的正朔。

---

① 例如钱穆《国史大纲》（1940）第三编《秦汉之部》就用了“大一统政府之创建”为章名，即使撰写公羊学论者的学者，像杨向奎，《绎史斋学术文集》（1983，页 91）就有“《公羊》主张大一统”、刘家和《论汉代春秋公羊学的大一统思想》〔见《史学理论研究》1995（2），页 57–99〕、蒋庆《公羊学引论》（1995，页 207）“《春秋》经传中的大一统思想”、黄开国《公羊学发展史》（2013，页 89）小标题“以文王为正的大一统”等等都一样作一专有名词或作为形容词来形容某个对象政府或思想。虽然某些作者已察觉到“大一统”与“一统”的不同，但习惯上还是混用着。如果当初作者们都很严格地使用它，那以上不确切的表述当可避免。推诸误读，盖始自徐彦《春秋公羊传注疏》疏“大一统”云：“……故言大一统也。”自此“大一统”成一专词，而不再是“一统”矣。

"一统"是《公羊传》所宣的《春秋》义之一。克就传文,"一统"是作为《春秋》义使用的专词,但"大一统"却不是,而是对"一统"加以重视、赞赏、推崇的价值判断句。句中"大"字是作评价的动词,这在《公羊传》文中比比皆是,如"大居正"(隐公三年),"大季子之获也"(僖公元年),"天戒之,故大之也"(僖公十五年),"大其平乎己也"(宣公十五年)等等[①],严格来说,"一统"仅是《春秋》众义之一,也不宜把"一统"解作《春秋》诸义中最大的意思[②]。

接着,"一统"其义是否就是"统一"?黄开国曾断说:"一统之义即统一。"[③]一般通俗的理解都将《春秋》的"大一统"解作"大统一",就成了"大规模的统一",这样的理解是否确当,诚有待研究[④]。记得约1974年前某日,先师爱新觉罗·毓鋆在"天德黉舍"授课时曾说《公羊传》的"一统"不是"统一",当时闻之,难解其浑,继而思之,拟以王霸判别之,遂将此义叙纳入学位论文中[⑤],即以"一统"为王道——"道之以德,齐之以礼",以"统一"为霸道——"道之以政,齐之以刑",但用以解此"王正月"是否妥当,还待慎思。如今想解决这个问题,恐怕还要回溯到先秦当时通行"一""统"各自本有的含义。

先明"一"字。《论语》中,有(1)作数量名词者,如"闻一知十"(5.9)、"一以贯之"(4.15、15.3),(2)作形容词,置于某事物之前,如"一人"(18.10)、"一身"(10.6)、"一言"(2.2)、"一篑"(9.19)、"一日"(12.1)等,(3)作副词,如"一则以喜,一则以惧"(4.21)、"齐一变,至于鲁,鲁一变,至于道"(6.24),(4)作动词者,如"一匡天下"。

---

① 参见李新霖《春秋公羊传要义》(台湾:文津出版社,1989年),页52–54;另亦见黄开国《公羊学发展史》(人民出版社,2013年第一版),页90,亦误认"一统"之义即"统一",详见文中分辨。

② 刘家和,《论汉代春秋公羊学的大一统思想》,《史学理论研究》(1995),页60。其云:"唯其'一统'之'义'重于、大于其他诸义,所以才叫'大''一统',也就是以'一统'为大。"

③ 黄开国,《公羊学发展史》,页90。

④ 葛志毅,〈《公羊传》大一统释义发微〉,《管子学刊》1998年第4期,页21。

⑤ 见《从公羊学论春秋的王道思想》(台大哲学所硕士论文1974),页71。此意后来为李新霖《春秋公羊传要义》(台师大国文所博士论文,1984年)所采纳,详见原注7;此博论改订后,由台北文津出版社(1989年)出版,见第一章《正统论》第一节"二、大一统"中,页50。

在《孟子》中,（1）作抽象名词，如“定于一”（1.6）、数量名词者，如“以一服八”“耕者九一”（2.5）;（2）作形容词，置于某事物之前，如“一夫”（2.8）、“一人”（11.9、12.10）;（3）作副句，如“一怒而安天下之民”（2.3）、“汤一征自葛始”（2.11）;（4）作动词者，如“孰能一之”（1.6）。依此看来，“一”随不同语脉，可作名词、形容词、动词、副词来使用。

在《荀子》中,（1）作抽象名词，如“其统类，一也”（90/23/79），数量名词者，如“以一知万”（13/5/32）;（2）作形容词，置于某事物之前，如“一人”（42/11/104）、“一志”（89/23/68）;（3）作副句，如“一废一起”（64/17/47）;（4）作动词者，如“一匡天下”（42/11/107）、“一天下”（16/6/8）、“一制度”（24/8/91）等不胜枚举[①]。总结上述得知，以作为名词用的“一以贯之”“定于一”“其统类，一也”，以及作为动词用的“一匡天下”“孰能一之”“一制度”的“一”最重要。以“一”作动词，必面临“孰能一之”的问题，作名词用，则“一”指什么?具体地说指君王，抽象地说，指仁、道、元。

其次，明“统”字。《论语》中，无此字，《孟子》仅“君子创业垂统，为可继也”（2.14）一句，“统”字推定作名词。《荀子》中，作名词者有“壹统类”“略法先王而不知其统”“仁义之统”“礼乐之统”等，作动词者有“统礼义”“忠信以统之”。另外，亦见诸《周礼·天官冢宰第一》“三曰礼典，以和邦国，以统百官，以谐万民”,《仪礼·丧服礼第十一》“大宗者，尊之统也”,“尊者尊统上，卑者尊统下”,《礼记·乐记》“乐统同”,《尚书·周书》“大统未集”（武成）、“统承先王”（微子之命）、“统百官……统六师”,《穀梁传》“统诸侯”（僖公五年）又根据何休《解诂》对“大一统”作注：“统者始也，摠系之辞。”明“统”兼两义,“始”作名词，指“本始”，含“初始”之时间义,“摠系”作动词，指统领、统率、总摄，以统领的对象或范围来说含有空间义。综合诸条目，其用法有二：作名词者，具宗统、本始义，作动词者具统理、统领、统率、总系义。

“一统”一辞，在先秦诸文献盖未见，有之则从《史记》始。《秦始皇本纪》

① 文中对“一”“统”意义的分类，均参见参考杨伯峻《论语译注》《孟子译注》书末所编附的典，章码亦同。《荀子》部分见《诸子引得》（蒋致远主编,《汉学索引集成》），诸词末，附其所编页行码。

载丞相绾等曰："今陛下兴义兵，诛残贼，平定天下，海内为群县，法令由一统。"《李斯列传》载李斯说秦王曰："夫以秦之强，大夫之贤，由灶上骚除，足以灭诸侯，成帝业，为天下一统，此万世之一时也。"《汉书·董仲舒传》记其所献天人第三策云："《春秋》大一统者，天地之常经，古今之通谊也。今师异道，人异论，百家殊方，指意不同，是以上亡以持一统；法制数变，下不知所守。臣愚以为诸不在六艺之科、孔子之术者，皆绝其道，勿使并进。邪辟之说灭息，然后统纪可一而法度可明，民知所从矣。"《汉书·贾邹枚路传》亦记载，宣帝初即位，路温舒就上书云："臣闻《春秋》正即位，大一统而慎始也。陛下初登至尊，与天合符，宜改前世之失，正始受之统，涤烦文，除民疾，存亡继绝，以应天意。"从上所引，当知董仲舒以来，凡言"一统"必引《春秋》为据，而李斯等臣说秦王，不称"统一"，但表"一统"，深究"法令由一统"一句，其义指法令均由一（君）来统理，海内为郡县，采中央集权，即汉以后通行的所谓"统一"。西汉博士所称《春秋》不外《公羊春秋》，其传《春秋》义必提"大一统"，笔者推定李斯之言，或当习自其师荀子所传《春秋》义。今《公羊传》出自子夏，经五世口传，至汉景帝时，公羊寿与其弟子胡毋子都著于竹帛而来，其"一统"微言所传如此，不说"统一"必有道理。董仲舒本《春秋》博士，当通晓孔子所传"一统"义（时空）必非等同李斯辈所言"统一"义（空间），其罢黜百家，独尊儒术之类似"统一"言论，盖是通经致用的权设，并非《春秋》义之全解[①]。

最后，"正统"一辞，当推源《公羊传》义。北宋欧阳修《正统论》云：

> 《传》曰："君子大居正。"又曰："王者大一统。"正者，所以正天下之不正也；统者，所以合天下之不一也。由不正与不一，然后正统之论作。

---

① 徐复观，《两汉思想史》卷二（台北：台湾生书局，1976年），页427–428。其云："按仲舒此一建议的出发点，是为了保证大一统的完整与效率，要求作为政治指针的学术思想，有一个统一的内容与方向。…然仲舒此议，有很大的流弊，则无可讳言。"庄万寿，《大一统与中央集权的奠定——春秋公羊大一统与西汉政治思想》，见《中国论》（台湾：玉山社出版事业股份有限公司，1996年），页218、229。其云："强调对海内外民族，以及思想教育的绝对控制之'大一统'，这完全满足汉武帝好大喜功、穷兵黩武的野心。"

正统之说，肇于谁乎？始于《春秋》之作也。……仲尼以周平虽始衰之王，而正统在周也，乃作《春秋》。自平王以下，常以推尊周室，明正统之所在。

从欧阳修言“统”偏取“合天下之不一”的“合”义，于“大居正”拈取“正”，合成一新词，遂张正统史观，评论先前各朝代政权的合法性，引经义修《新五代史》，显扬《春秋》大义，其功甚伟；但就《公羊》“一统”义而言，不无有失，独漏“一始”，仅得“统合”。据笔者理解，而“正”早蕴含于“一”之中，故“一统”本摄“正统”，毋庸另表，表之则徒增纷扰。为显示《公羊春秋》“一统”义往下滑动，渐离本真，今图示如下：

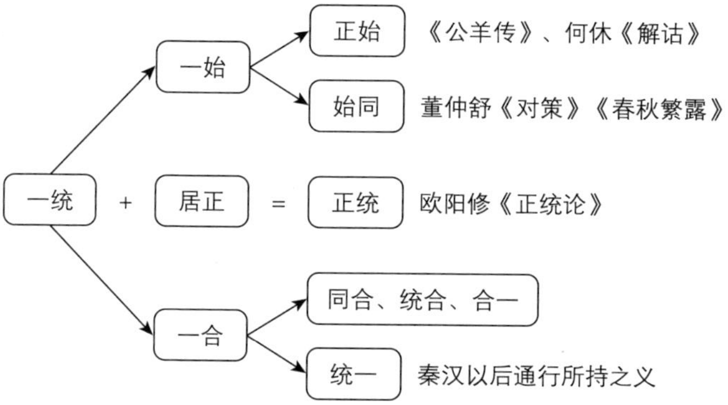

为了论证“一统”蕴含“居正”，因“统”有“始”义，“一统”即“一始”，“一始”即“始于一”。“居正”即“以正居之”或“行之以正”，即依“正”而行。“正”依《说文》，作：“从一。一以止。”据此，即“止于一”。“一”在甲骨文字形作口、o、一，金文作・或一。《说文》释“一”，云：“惟初大极，道立于一，造分天地，化裁万物，凡一之属皆从一。”“元、始也，从一兀。”“天，颠也，至高无上，从一大。”《易・乾彖》：“大哉乾元，万物资始，乃统天。”郑注：“统，本也。”与何休解“大一统”，“统，始也。”缘《孟子・梁惠王上》“天下恶乎定？定于一”、《易・系辞传下》“天下之动，贞夫一者也”。在先秦儒家经典中，“一”蕴含大中、至正、本元的意义，那“一”会是什么？依儒学诠释的合理性而言，非“仁”“道”“元”莫属。在《春秋》学五始要义中，落实于“王”，以“王”言“王正月”，再由“王正月”言“大一统”，进而言“变一为元”，皆有微义存乎其间。

根据先前分析，可以为"一统"与"统一"的含义作一对比，证成笔者所知，两者容易混同，究实含义有别。姑作一表，如下：

"一统"与"统一"异同对照表

领域 比项	论基	政原	治道	治法	治纲	君纪	理念	范畴
一统	封建	天命	仁德	德礼	尊王	奉元	和	时空质阶
统一	郡县	天命	法术	政刑	壹君	壹法	同	空间量度

第二节 原"一统"义

"一统"义，出自《公羊传》解《春秋》"王正月"语，其他未见。根据《公羊春秋》的预设，"义"乃孔子志之所存。《孟子·离娄下》记云：

王者之迹熄而《诗》亡，《诗》亡然后《春秋》作。晋之《乘》、楚之《梼杌》、鲁之《春秋》，一也。其事则齐桓、晋文，其文则史。孔子曰："其义则丘窃取之矣。"（8.21）

依此，孔子作《春秋》时取材的底本是名《春秋》的鲁史。鲁《春秋》者鲁国史官所记，以鲁为中心所述的五霸事迹，循史笔法，录成史文，文中有义，为孔子所取。孔子因鲁史而作《春秋》，原是作经而不是修史，透过严谨笔削，借事明义，这才是孔子思想所在，固不在鲁史之删修也。《史记·孔子世家》记云：

因史记作《春秋》，上至隐公，下讫哀公十四年，十二公。据鲁，亲周，故殷，运之三代。约其文辞而指博。故吴楚之君自称王，而《春秋》贬之曰"子"；践土之会实召周天子，而《春秋》讳之曰"天王狩于河阳"：推此类以绳当世。贬损之义，后有王者举而开之。《春秋》之义行，则天下乱臣贼子惧焉。孔子在位听讼，文辞有可与人共者，弗独有也。至于为《春秋》，笔则笔，削则削，子夏之徒不能赞一辞。弟子受《春秋》，孔子曰："后世知丘者以《春秋》，而罪丘者亦以《春秋》。"

依《公羊传》末，记"君子曷为为《春秋》？拨乱世，反诸正，莫近诸《春秋》"，则想要了解孔子一生心志的人，就不能不深究孔子晚年所作的《春秋》。《春秋》非一般"直书其事"的史书，书写简明，断制谨严，非经口授，难得其义，透过子夏五传至汉时公羊寿及其弟子胡毋子都，始著诸竹帛。其义经西汉董仲舒、胡毋生、司马迁乃至后汉何休的传播，愈益显豁。依何休《文谥例》总结云：

此《春秋》：五始、三科九旨、七等、六辅、二类之义，以矫枉拨乱，为受命品道之端，正德之纪也。(《公羊传》徐《疏》引）

本文所题"一统"义，当属五始义中，至于"三科九旨"更是《春秋》义的基本思想，但有两种说法：其一，三科九旨，正是一物（何休说）；其二，三科九旨，分为二物（宋衷说）。今录如下：

三科九旨者：新周故宋，以《春秋》当新王，此一科三旨也；所见异辞、所闻异辞、所传闻异辞，二科六旨也；内其国而外诸夏，内诸夏而外夷狄，（天下远近大小若一），是三科九旨也。如是则三科九旨，正是一物。（何休《文谥例》）

三科者，一曰张三世，二曰存三统，三曰异外内〔风外内〕，是三科也。九旨者一曰时，二曰月，三曰日，四曰王，五曰天王，六曰天子，七曰讥，八曰贬，九曰绝。时与日月，详略之旨也；王与天王天子，是录远近亲疏之旨也；讥与贬绝，则轻重之旨也。如是三科九旨，聊不相干。（宋氏之注《春秋说》）

除这些条目之外[①]，前此尚有董仲舒《春秋繁露》的"五始""三等""六科""十指""新王受命改制质文""绌夏亲周故宋""以《春秋》作新王""别内外"等[②]。司马迁所述"据鲁，亲周，故殷，运之三代"亦符合"存三统""张三世"；"存三统"即"以《春秋》当新王，亲周，故宋"之一科三旨，亦寓"王鲁"义；而"运之三代"历来颇多误解，其实同"运之三世"，与"张三世"同表。十三年前笔者早已辨正过[③]，惜学界尚未周闻。

从《公羊》学体系的诸命题中，"一统"当归"五始"所含。由《春秋》"元年春，王正月，公即位"之书写常例中，知有书，有不书；书，示义，不书，亦示义。其五始即元——天地之始、春——岁之始、王——人道之始、正月——政教之始、公即位——一国之始。"王"的"正月"就表示"王"在"政教"上施展"一统"的始月。但作为"人道之始"的"王"，在《春秋》文中之"王"（相对于事、义而言），有特别含义[④]，指王者当顺天时以施政。《传》称："王者孰谓？谓文王也。"实借周之始受命王——文王（周昌）而为言，明兼两义，即具体（周昌）表抽象（人道之始）。称："何言乎王正月？大一统也。"宣一统政教之始。何休注云：

以上系"王"于"春"，知谓"文王"也。文王，周始受命之王，天之所命，故上系天端，方陈受命，制正月，故假以为王法。不言谥者，法其生，不法其死，与后王共之，人道之始也。

---

① 有关上述诸条目，俱见徐彦《春秋公羊传注疏》(《四部备要》中华书局据阮刻本校刊，隐公卷一，页三)。

② 此可参见康有为《春秋董氏学》（中华书局，1990年）所列《春秋》例、礼、改制诸目。

③ 详见笔者《公羊三世说的诠释与権解》，首发于《东海大学哲学系第三届"哲学中西文化：反省与创新"学术研讨会论文集》（台中：东海大学，2003年），页153-170。后收入专著《春秋公羊传伦理思维与特质》（台湾：台大出版中心，2003年）一书第三章第四节，页190-199。

④ 吕大奎，《春秋五论·论三》云；"'元年春正月'，乃史之旧文也，加'王'焉，是圣人笔之也。"(《通志堂经解》页13408-13409)，但依现有金文资料，如"隹王二月""隹王三月""隹王五月""隹王十月"，知"王"乃旧史书法，依杜钢百《孔氏撰〈春秋〉异于旧史文体考》(《武汉大学文哲季刊》3卷2号)，页325云："综上各项以观，可见记载之紊，迄西周末，犹未厘定。则整齐年月，自当始于《春秋》矣。而春冠王上，尤遍考金文不得，故春王之加，的系孔氏新创首时义。"

以上系于王，知王者受命，布政施教，所制月也。王者受命必徙居处，改正朔，易服色，殊徽号，变牺牲，异器械，明受之于天，不受之于人。夏以斗建寅之月为正，平旦为朔，法物见，色尚黑；殷以斗建丑之月为正，鸡鸣为朔，法物芽，色尚白；周以斗建子之月为正，夜半为朔，法物萌，色尚赤。

统者，始也，总系之辞。夫王者始受命改制，布政施教于天下，自公侯至于庶人，自山川至于草木昆虫，莫不一一系于正月，故云政教之始。

古代王者受命于天，改制布政，施教于天下，必先“徙居处，改正朔，易服色，殊徽号，变牺牲，异器械”。据历法，三代各有正朔，夏建寅，殷建丑，周建子，谓之三正。改正朔，明三代之礼，不相沿袭。新王一旦受命，旧王退位，如何对待前二王后？相传自古有“通三统”，或云“存三统”“存三正”之设，其义如下：

《春秋》上绌夏，下存周，以《春秋》当新王。《春秋》当新王者奈何？曰：王者之法，必正号，绌王谓之帝，封其后以小国，使奉祀之。下存二王之后以大国，使服其服，行其礼乐，称客而朝。故同时称帝者五，称王者三，所以昭五端，通三统也。①

王者必通三统，明天命所授者博，非独一姓也。②

垂三统，列三正，去无道，开有德，不私一姓，明天下乃天下人之天下，非一人之天下也。③

王者存二王之后，使统其正朔，服其服色，行其礼乐，所以尊先圣，通三统；师法之义，恭让之礼，于是可得而观之。④

---

① 苏舆：《春秋繁露义证·三代改制质文》卷七页十五（台湾：河洛图书出版社，1974年台景印一版），页139–140。

② 见《汉书·刘向传》卷三十六。“通三统”下有注：应劭曰：“二王之后，与己为三统也。”孟康曰：“天地人之始也。”张晏曰：“一曰天统，为周十一月建子为正，天始施之端也。二曰地统，谓殷以十二月建丑为正，地始化之端也。三曰人统，谓夏以十三月建寅为正，人始成之端也。”师古曰：“二家之说皆不备也。言王者象天地人之三统，故存三代也。”

③ 新校本《汉书·谷永传》卷八十五（台北：史学出版社，1974年影印一版），页3467。

④ 《公羊传》隐公三年春王二月，何休《解诂》注。

这表示天下非一家所私有，以有德承天命，得天下。然如何对待前代、前前代？《春秋》以"存二王之后以大国，使服其服，行其礼乐，称客而朝"，有礼敬与师法之义。熊十力先生说："三统原是一统，一者仁也。《春秋》始于元，元即仁。虽随世改制，而皆本仁以为治，《春秋》当新王，即以仁道统天下也。"[①]强调三统原是一统，皆原于"一"，但为何还要"存二王后"？当有更深的理由，那是要"解决现实政教体系与历史文化传统怎样衔接的问题"[②]，透过它来整合前两代不同特质的传统资源，建立一个更具包容性与开放性的政教新统，此解最得《春秋》大"一统"真义。后代对"一统"的理解文献，不外三则：

《春秋》大一统者，天地之常经，古今之通谊也。今师异道，人异论，百家殊方，指意不同，是以上亡以持一统；法制数变，下不知所守。臣愚以为诸不在六艺之科、孔子之术者，皆绝其道，勿使并进。邪辟之说灭息，然后统纪可一而法度可明，民知所从矣。[③]

《春秋》所以大一统者，六合同风，九州岛共贯也。[④]

《春秋》正即位，大一统而慎始也。[⑤]

第一则，出自董仲舒对汉武帝的《对策三》，让后人解读成有意为大汉帝国的中央集权政策开路，主张罢黜百家，独尊儒术，遂行法度与思想的"统一"。徐复观指出："仲舒此议，有很大的流弊，则无可讳言。"[⑥]董子是《公羊》大家，在诠释"大一统"的概念上，虽一时不免向"大统一"滑落，但通观其"屈君伸天""以天之端正王之政"[⑦]的言论，还是回到"继天奉元"上。第二则，以九

---

① 熊十力，《读经示要》卷三（台湾：广文书局，1967年再版），页173。

② 李长春，《〈春秋〉"大一统"与两汉时代精神》(《中山大学学报》社会科学版2011年第3期)，页137

③ 新校本《汉书》卷五十六《董仲舒传》第二十六（台湾：史学出版社，1974年影印一版），页2523。

④ 新校本《汉书》卷七十二《王阳传》第四十二（同上），页3063。

⑤ 新校本《汉书》卷五十一《路温舒传》第二十一（同上），页2369。

⑥ 徐复观，《两汉思想史》卷二，页428。

⑦ 苏舆，《春秋繁露义证》之《玉杯》《玉英》篇，页22、49。

州岛六合的政教同风共贯来把握“一统”，显然已滑落到地理空间上，忽略了时间的“一始”义，实不如第三则“一统而慎始”来得精准。

根据笔者归纳，《春秋》大一统，其义含三，均可见诸传文：

（一）尊王

在《春秋》五始义中，以“王正月”示“一统”，王统诸侯，诸侯统卿大夫，是君臣大义。文公十三年经：“世室屋坏。”传云：“然则周公之鲁乎？曰：‘不之鲁也，封鲁公以为周公主。’然则周公曷为不之鲁？欲天下之一乎周也。”从正面来说，昭公二十三年经：“天王居于狄泉。”传云：“此未三年，其称天王何？着有天子也。”此外，“其言‘从王伐郑’何？从王，正也”（桓公五年），“曷为殊会王世子？世子贵也。世子，犹世世子也”（僖公五年），“王人者何？微者也。曷为序乎诸侯之上？先王命也”（僖公八年）从负面来说，“辟王也”（庄公五年），“不敢胜天子也”（庄公六年），“不敢过天子也”（成公十三年）。从诸侯立场来说，“有天子存，则诸侯不得专地”（桓公元年），“不与诸侯专封”（僖公元、二、十四年），“诸侯之义，不得专讨”（宣公十一年），“不与伐天子”（宣公元、昭公二十三年）。其实尊王之义，见诸僖公二十八年经：“公朝于王所。”传云：“曷为不言‘公如京师’？天子在是也。天子在是，则曷为不言天子在是？不与致天子也。”同年经又书：“天王狩于河阳。”传云：“狩不书，此何以书？不与再致天子也。”在在看出《春秋》王者一统诸侯之义。

（二）居正

《春秋》大居正，出自：

经：癸未，葬宋缪公。（隐公三年冬）

传：葬者曷为或日或不日？不及时而日，渴葬也；不及时而不日，慢葬也。过时而日，隐之也；过时而不日，谓之不能葬也。当时而不日，正也。当时而日，危不得葬也。此当时何危尔？宣公谓缪公曰：“以吾爱与夷，则不若爱女；以为社稷宗庙主，则与夷不若女，盍终为君矣？”宣公死，缪公立，缪公逐其二子庄公冯与左师勃，曰：“尔为吾子，生毋相见，死毋相哭。”与夷复曰：“先君之所为不与臣国而纳国乎君者，以君可以为社稷宗庙主也。今君逐君之二子而将致国乎与夷，此非先君之意也。且使子而可逐，则先君其逐臣矣。”缪公曰：“先君之不尔逐可知矣，吾立乎此摄也。”终致国乎与夷。庄公冯弑与夷。故君子大居正，宋之祸，宣公为之也。

依传文所述，本属宋国君位安排继承出了问题。孔子认为宋宣公临死让位给其弟缪公，开了争原，而缪公生前即表摄行君事，不传与子，返让位其兄之子与夷（殇公），最后与夷（殇公）却为缪公之子庄公冯所弑，宋国祸害由此产生。何休《解诂》云：“言死而让，开争原也；缪公亦死而让，得为功者，反正也。”孔子作《经》，借事明义表示在乱世中让国的行为虽然可贵，但乃要以“正”为归。《传》文屡发“王者无外”（隐公元年、桓公八年、僖公二十四年、成公十二年）、“王者无敌”（成公元年）、“王者无求”（桓公十五年、文公九年），无非明王者行事当以明法守正为大。董仲舒云：“臣谨案春秋之文，求王道之端，得之于正。正次王，王次春。春者，天之所为也；正者，王之所为也。”[①]“《春秋》之序辞也，置王于春、正之间，非曰（岂非）：上奉天施，而下正人，然后可以为王也云尔！”[②]王褒云：“共（恭）惟《春秋》五始之要，在乎省己正统而已。”[③]正始之于为政何等重要。何休《解诂》云：

即位者，一国之始政，莫大于正始。故《春秋》以元之气正天之端；以天之端正王之政；以王之政正诸侯之即位；以诸侯之即位正竟内之治。诸侯不上奉王之政，则不得即位，故先言“正月”而后言“即位”。政不由王出，则不得为政，故先言“王”而后言“正月”也。王者不承天以制号令则无法，故先言“春”而后言“王”。天不深正其元，则不能成其化，故先言“元”而后言“春”。五

① 新校本《汉书》卷五十六《董仲舒传》第二十六，页2501–2502。

② 苏舆，《春秋繁露义证·竹林》，页43。

③ 新校本《汉书》卷六十四《王褒传》第三十四（同上），页2823。

者同日并见，相须成体，乃天人之大本，万物之所系，不可不察也。

无论从董仲舒、王褒到何休，已将《春秋》“春王正月”所蕴含的“正始”义释透，备足可观。

（三）贵元

《春秋》经于隐公元年始笔“元年，春王正月”。传文解“元年”为“君之始年”，“春”为“岁之始”，“王”为“文王”，“正月”为“王”的“正月”。苏舆引程子曰：“《泰誓》《武成》称一月者，商正已绝，周正未建，故只言一月。”而云：“故只言一月，然则王者，于年变‘一’言‘元’，于月亦变‘一’言‘正’矣。”[①] 依此，古代史纪年月，未王之时，于年仅称一年、二年、三年，于月亦称一月、二月、三月，唯王才改元布政，始称元年正月。孔子作《春秋》，谨于正名，变一为元，别有取义。今见董仲舒解五始，遂不得不肯认《春秋》有贵元之微义：

谓一元者，大始也。知元年志者，大人之所重，小人之所轻，是故治国之端在正名。……惟圣人能属万物于一，而系之元也。终（故）不及本所从来而承之，不能遂其功。是以《春秋》变一谓之元。元，犹原也，其义以随天地终始也。故人唯有终始也，而生不（死）必应四时之变。故元者，为万物之本，而人之元在焉。安在乎？乃在乎天地之前。故人虽生（性）天气及奉天气者，不得与天元本、天元命而共违其所为也。故春正月者，承天（地）之所为也，继天之所为而终之也。……《春秋》之道，以元之深，正天之端，以天之端，正王之政，以王之政，正诸侯之即位，以诸侯之即位，正竟内之治，五者俱正，而化大行。[②]

臣谨案《春秋》谓一元之意，一者万物之所从始也，元者辞之所谓大也。

① 苏舆，《春秋繁露义证・玉英》见“故春正月者”句下注，页 48。

② 苏舆，《春秋繁露义证・玉英》，页 47–49。

谓一为元者，视（示）大始而欲正本也。《春秋》深探其本，而反自贵者始。[1]

《春秋》何贵乎元而言之？元者，始也，言本正也；道，王道也；王者，人之始也。王正，则元气和顺，风雨时，景星见，黄龙下；王不正，则上变天，贼气并见。[2]

根据上述，董仲舒认为元是天地、万物的本原。人乃天地所生，以天气为其性，亦奉天气者，实与天地同一元本，同一元命，天地之所为皆本于元，人承继天地所为而随之，亦不共违其所为。王者人道之始，王正，则元气和顺，王不正，则上变天，贼气并见。所以，王从天地之所为而终始焉，承天时（春）而归本于元，亦即《春秋》序辞，置“王”于“春”“正”之间，其意无非示上奉天、下正人之王道也。《春秋》特志“元年”，意在“大始”与“正本”，欲人深探其本“元”，明其自“性”。孔子作《春秋》，属万物于“一”而系之“元”，在在说明欲治国、平天下者，不能深探其元，不能反自贵者，亦绝不能遂其功；归结以“《春秋》之道，以元之深，正天之端，以天之端，正王之政，以王之政，正诸侯之即位，以诸侯之即位，正竟内之治，五者俱正，而化大行。”故“一统”之为大，就在贵元重始，自正正人也。何休《解诂》云：

变一为元，元者，气也。无形以起，有形以分，造起天地，天地之始也。故上无所系，而使“春”系之也。不言“公”，言君之始年者，王者、诸侯皆称君，所以通其义于王者，惟王者然后改元立号。《春秋》托新王受命于鲁，故因以录即位，明王者当继天奉元，养成万物。

同样提到“变一为元”，董仲舒以“元者，始也”解之，将“元”解作“元者，为万物之本”，“元，犹原也，其义以随天地终始也”，而何休以“元者，气也”解之，指“无形以起，有形以分，造起天地，天地之始也”。看似有异，其始未尝不同。元即宇宙生化之本原，乃天地万物之始，于数言一，于辞为大。惟新

---

① 新校本《汉书》卷五十六《董仲舒传》第二十六，页2502。

② 苏舆，《春秋繁露义证・王道》，页71。

王受天命，然后改元立号，明王者当继天奉元，养成万物，进一步政教之“一统”，故笔者以为“一统”义必始于“一”，归于“元”，乃所以为“大”也。

第三节　衍“一统”义

孔子作《春秋》，其立义以宗法封建度为背景，当与以秦之郡县制度为背景的思考不同，从本文第二节所析辨，得知“一统”渐变成“统一”之缘由，也埋下后代对《春秋》义的误解，其实两者取义互有异同；不幸后代之“正统”论也顺势滑落而遭到批判，虽欧阳修著《正统论》又无可如何。今对两者稍加分辨，以利《春秋》“一统”义之显豁。其所同者，皆本天命立论，天命乃自古以来解释政权合理化的唯一理由，此一理由本于古代宗教信仰——君权天授说。但从古文《尚书·周书·泰誓中》言“天视自我民视，天听自我民听”，《孟子·万章上》亦引用，可推知古代早有民意与天意相即的说法，虽托天命，实指民意，审之以今世流行之民主政治、民意政治，无乃一间之隔，盖有无制度施设之落实而已。

《春秋》始书“元年春王正月”，托新王受命于鲁，拨乱反正。《传》谓“王”指“文王”，注云“法其生，不法其死”，是借事明义。曰《左传·昭公二十八年》有谓“经纬天地文”，是“文王”即“经纬天地”之王，是孔子晚年致太平之书。司马迁云：“夫《春秋》，上明三王之道，下辨人事之纪，别嫌疑，明是非，定犹豫，善善恶恶，贤贤贱不肖，存亡国，继绝世，补弊起废，王道之大者也。”（《史记·太史公自序》）综述王道精要。依《春秋》大一统，明王者上承天地之所为，不违农时以布政施教，遵循造化生生律则，育养万物，必然对环境生态恒持敬畏之心，进而有“与天地万物为一体”之宇宙意识。其施政也，导之以德，齐之以礼，自正而正人；不得已而求其次，则导之以政，齐之以刑，为拨乱之始。若终止于此，不知德礼，必沦为“统一”，而以法、术、势之壹民为功，其致也如暴秦，终为后世所讥评。然“一统”实寄寓“文”王而行，如孟子所言“以德行仁者王，王不待大”。由此观之，中国历史上对“正统”之辩，无非争取政权继承的正当性，但怎样才具有正当性？并不是拥有武力完成“统一”就算数。依张其贤的研究，传统思想家在论述“中国”时所赋予的意含有三：地理“中国”、族裔“中国”与文化“中国”。凡持地理“中国”论者，认为谁拥有地理上之“中国”（或云“九州岛”“中原”）谁即具有政权的正当性；持族裔“中国”论者，认为在地理“中国”上由其族裔（黄帝子孙）承统才具传承系谱的正统性；持文化“中国”论者，认为谁接收了中国文化谁就具有“中国性”，由具有“中国性”的人来继统就具有立足“中国”的正统性[①]。而所谓“中国文化”其内容包含器用、制度、理念三层，其中理念（以儒家六经所代表的价值体系——道）为最核心，《春秋》是采取“夷狄入中国，则中国之；中国沦为夷狄，则夷狄之”的文化主义理念，凡此可见诸《公羊传》“吴何以称子？夷狄也而忧中国”（定公四年冬），“此偏战也，曷为以诈战之辞言之？不与夷狄之主中国也。然则曷为不使中国主之？中国亦新夷狄也”（昭公二十三年传），如实说，“中国”“夷狄”本无定称，换言之，即文野之代称[②]。据此传文所称之“中国”实指“礼义文明”之国，或称“华夏”“诸夏”，它早已摆脱地理“中国”（空间性）与族裔“中国”（种族性）的偏狭概念，可惜历史上政治思想家能贯彻此一理念者盖寡。依笔者所论，要么如梁启超所斥，视“正统论”为荒谬，要么回归“正统”为“一统”，奉《春秋》“一统”义为宗，大始正本，反躬自省，自正而后正人。

至于“通三统”的礼制，李长春曾经解释过，它是为了帮助解决新王受命后现实政教体系与历史文化传统怎样衔接的问题，目的在整合前两代的政教资源，建立一个更具包容性与开放性的政教新统，笔者认为这种提法值得重视。“通三统”寓天下非一家所私有，新王尊前二王后以为客，称客而朝，缓和政权转移后所产生的矛盾，实有助天下之和平也。但此“通三统”当置于“张三世”中来了解才算妥当，依《公羊家》此一作法尚停留在新王初受命阶段。

经：（成公十五年）冬，十月一月，叔孙侨如会晋士燮、齐高无咎、宋华元、

① 张其贤：《正统论、中国性与中国认同》，《政治科学论丛》第64期（2015年），页7–9。

② 熊十力：《读经示要》卷三，页190–191。

卫孙林父、郑公子鰌、邾娄人会吴于钟离。

传：曷为殊会吴？外吴也。曷为外也？《春秋》内其国而外诸夏，内诸夏而外夷狄。王者欲一乎天下，曷为以外内之辞言之？言自近者始也。

注：内其国者，假鲁以为京师也。诸夏，外土诸侯也。谓之夏者大，总下土言之辞也。不殊楚者，楚始见所传闻世，尚外诸夏，未得殊也。至于所闻世，可得殊，又卓然有君子之行，吴似夷狄差醇，适见于可殊之时，故独殊吴。……明当先正京师乃正诸夏，诸夏正乃正夷狄，以渐治之。叶公问政于孔子，孔子曰："近者说，远者来。"季康子问政于孔子，孔子曰："政者正也，子帅以正，孰敢不正？"是也。

从何休之注《传》，解明《经》文所以书之意，清楚之至。《春秋》经世设有三世，《公羊》家谓之"张三世"，史公谓之"运之三代"者，正是孔子在《论语》所说的"齐一变，至于鲁，鲁一变，至于道"（6.24）所彰显的致治三阶论，非关历史进化之解释理论。因此，《公羊传》于"王正月"所明"一统"之通三统，尚属始义，而非终义。及其至也，当是人人贵元，人人奉元，人人体元，人人尽性，故天下之动，贞乎一，定乎一，一即元也，亦即道也。《春秋》始"元"终"麟"，无非此意。

第四节　结论

本文对《春秋》"一统"义进行考衍，确定传文"大一统"作一断言，表以"一统"为大之意，绝不可误读作"大一统"。因此"《春秋》大一统"是说《春秋》重视"一统"，而不是"大一统"，这样解读才贴切。但"一统"究竟何意，经分析后，回归本义，发现"一统"语意沦落为"统一"的过程乃是出自后儒不自觉地以秦汉中央集权观念解读宗法封建观念所造成的误差。依笔者的研究，"正统"归本传文的大"一统"，完整的理解当回到五始义例的经典诠释中。推定《春秋》大一统，其义含三，即尊王、居正与贵元。本文据此衍推"一统”所涉及的“通三统”，有消解因政权转移造成冲突与矛盾的作用；尊王义未必如今世所虑，导致独裁专制，凡礼当以时为大，因革损益以符中道，尊生体元，布政施教皆一于正。《春秋》托文王以致太平的理念，在当今政治哲学的思考上依然具有永恒的价值。

参考文献

A. 公羊学专著

1. 何休:《春秋公羊传何氏解诂》，台湾：台湾中华书局四部备要本，1980 年。

2. 徐彦：《春秋公羊传注疏》，台湾：台湾中华书局四部备要本，1968 年。

3. 陈柱：《公羊家哲学》，台湾：台湾中华书局，1971 年。

4. 阮芝生:《从公羊学论春秋的性质》，台湾:《台大文史丛刊》二十八，1969 年。

5. 日原利国：《春秋公羊传の研究》，东京：创文社，1976 年。

6. 李新霖：《春秋公羊传要义》，台湾：文津出版社，1989 年。

7. 蒋庆：《公羊学引论》，沈阳：辽宁教育出版社，1995 年。

8. 王维堤・唐书文《春秋公羊传译注》，上海：上海古籍出版社，1997 年。

9. 段熙仲撰、鲁同群等点校:《春秋公羊讲疏》，南京：南京师范大学出版社，2002 年。

10. 林义正:《春秋公羊传伦理思维与特质》，台湾：台大出版中心，2003 年。

11. 黄开国：《公羊学发展史》，北京：人民出版社，2013 年。

12. 刘逢禄撰、曾亦点校:《春秋公羊何氏释例》，上海：上海古籍出版社，2013 年。

B. 相关专著

1.《重刊宋本十三经注疏》，台湾：东升出版事业公司影印。

2. 杨伯峻:《春秋左传注》，台湾：源流出版社，1982 年。

3. 杜预：《春秋经传集解》，台湾：新兴书局，1964 年。

4. 范宁集解：《春秋穀梁传》，台湾：新兴书局，1964 年。

5. 吕大奎：《春秋五论》，重编本《通志堂经解》本，台湾：汉京文化事业有限公司，1990 年。

6. 庄存与：《春秋正辞》，重编本《皇清经解》卷 375–385，台湾：汉京文化事业文化有限公司，1990 年。

7. 庄存与：《春秋举例》，重编本《皇清经解》卷 386，台湾：汉京文化事业文化有限公司，1990 年。

8. 庄存与：《春秋要旨》，重编本《皇清经解》卷 387，台湾：汉京文化事业文化有限公司，1990 年。

9. 康有为：《春秋笔削大义微言考》，台湾：宏业书局，1975 年。

10. 张西堂：《春秋六论》，国立武汉大学出版社，1922 年。

11. 戴君仁：《春秋辨例》，台湾：中华丛书编审委员会，1964 年。

12. 傅隶朴：《春秋三传比义》，台湾：商务印书馆，1983 年。

13. 张以仁：《春秋史论集》，台湾：联经出版事业公司，1990 年。

14. 浦卫忠：《春秋三传综合研究》，台湾：文津出版社，1995 年。

15. 徐复观：《两汉思想史》卷二，台湾：台湾学生书局，1976 年。

16. 庄万寿：《中国论》，台湾：玉山社出版事业公司，1996 年。

17. 赵令扬：《关于历代正统问题之争论》，香港：学津出版社，1976 年。

18. 饶宗颐：《中国史学上之正统论》，台湾：宗青图书出版公司，1979 年初版。

19. 康有为：《春秋董氏学》，北京：中华书局，1990 年。

20. 杨伯峻：《论语译注》，台湾：河洛出版社，1978 年。

21. 杨伯峻：《孟子译注》，台湾：河洛出版社，1977 年。

22. 司马迁：《史记》，台湾：仙华出版社，1972 年。

23. 班固：《汉书》，台湾：史学出版社，1974 年。

24. 皮锡瑞：《经学通论》，台湾：河洛出版社，1974 年。

25. 熊十力：《读经示要》，台湾：广文书局，1967 年。

26. 苏舆：《春秋繁露义证》，台湾：河洛图书出版社，1974 年。

27. 黄朴民：《何休评传》，南京：南京大学出版社，1998 年。

28. 林义正：《孔学钩沈》，台湾：巨凯数位服务有限公司，2007 年。

29. 林义正：《〈周易〉〈春秋〉的诠释原理与应用》，台湾：台大出版中心，2010 年。

C. 相关期刊论文

1. 小岛祐马：《公羊家の文化阶段说》，《哲学研究》第 83 号，1923 年。

2. 杜钢百：《孔氏撰修〈春秋〉异于旧史文体考》，《武汉大学文哲季刊》第 3 卷第 2 号，1934 年。

3. 洪业：《〈春秋经传引得〉序》，《史学年报》第 2 卷第 4 期，1937 年。

4. 吴泽：《康有为公羊三世说的历史进化观研究》，《中华文史论丛》第 1 辑，1962 年。

5. 段熙仲：《公羊春秋"三世"说探源》，《中华文史论丛》第 4 辑，1963 年。

6. 史晓风：《公羊三世说是历史进化论吗？》，《华东师大学报》（社会科学版），1965 年第 2 期。

7. 铃木茂：《春秋公羊传の价值世界》，《松山商大论集》第 30 卷 4 号，1979 年。

8. 戴晋新：《孔子与春秋关系考辨》，《故宫学术季刊》第 6 卷第 4 期，1989 年。

9. 刘家和：《论汉代春秋公羊学的大一统思想》，《史学理论研究》1995 年。

10. 葛志毅：《〈公羊传〉大一统释义发微》，《管子学刊》1998 年第 4 期。

11. 李长春：《〈春秋〉"大一统"与两汉时代精神》，《中山大学学报》社会科学版 2011 年第 3 期。

12. 张其贤：《正统论、中国性与中国认同》，《政治科学论丛》第 64 期 2015 年。